Monika Beyersdorf-Morig

Gott übermittelt 365 Botschaften für eine bessere Welt

Band 4 von 4
Botschaften 301 - 365

Impressum

*Bibliografische Information der Deutschen Nationalbibliothek:
Die Deutsche Nationalbibliothek verzeichnet diese Publikation in der Deutschen
Nationalbibliografie; detaillierte bibliografische Daten sind im Internet über http://dnb.dnb.de
abrufbar.*

© 2016 Monika Beyersdorf-Morig

Gestaltung: **Gerd Morig, Monika Beyersdorf-Morig, Celle**
Titelfoto: **Thomas Ulbricht, Itzehoe**
Lektorat: **Renate Buttler, Celle**
Tech.Beratung: **Kai Tammen, Celle**

Herstellung und Verlag: BoD – Books on Demand, Norderstedt
ISBN: 978-3-741 255 786

Für alle Zweifler!

Gott hat nicht mit einer übernatürlich aus dem Himmel auf die Erde reichenden Hand die Bücher der Bibel geschrieben. Gott hat auch nicht die Bibel irgendwo im Himmel geschrieben und das Buch dann hier auf der Erde hinterlegt und mit Donnerstimme aus den Wolken gesagt, wo wir die Bibel finden. Nein, <u>Gott hat die Bücher der Bibel den verschiedenen Autoren spirituell „eingegeben".</u> Die Autoren durch den Heiligen Geist inspiriert und geleitet. Wir können sicher sein, dass Gott dafür gesorgt hat, dass nichts in der Bibel steht, was er nicht will oder was ihm widersprechen würde. Wir können uns das so vorstellen: Gott überwachte die Niederschrift der verschiedenen Bücher und sorgte durch den Heiligen Geist, wirksam in den Autoren, dafür, dass alles so festgehalten wurde, wie er es wollte.

Die Bibel über 1.500 Jahre von 40 verschiedenen Menschen geschrieben. Und: nicht ein Fehler, nicht ein Widerspruch.

Dies möge man sich auch vor Augen führen: Die Bibel wurde von 40 Autoren verfasst (alle aus völlig unterschiedlichen gesellschaftlichen Bereichen und Schichten stammend; von Hirten und Fischern über Steuereintreiber und Ärzten bis hin zu Königen). Das Schreiben der Bibel erstreckte sich über einen Zeitraum von insgesamt 1.500 Jahren. Und nicht an einer einzigen Stelle widerspricht sich irgend etwas in der Bibel. Nichts widerspricht sich. Alles, was über rund 1.500 Jahren von den unterschiedlichsten Menschen geschrieben wurde, passt perfekt zusammen. Da braucht es mehr Glaube anzunehmen, dass das irgendwie Zufall sei, als Gott als führenden „Autor" anzunehmen.

Wie erklärt man sich, dass 66 Bücher von 40 verschiedenen Autoren über einen Zeitraum von 1.500 Jahren verfasst nicht einen einzigen Fehler, nicht einen einzigen Widerspruch enthalten? Wir sehen auch daran, dass Gott am Werk ist.

Wer hat die Bibel geschrieben?

Die Bibel besteht aus dem Ersten und dem Zweiten Testament und umfasst eigentlich 66 einzelne Bücher. Sie wurden von ganz unterschiedlichen Menschen an unterschiedlichen Orten und zu verschiedenen Zeiten geschrieben.

Manche enthalten Berichte, andere Gedichte oder Briefe.

Das Erste Testament ist die hebräische Bibel. Zu ihr gehören 39 Bücher. Geschrieben wurden sie vom Propheten Mose und vielen anderen Autoren. Die Propheten hatten manchmal Schreiber, denen sie ihre Botschaft diktierten. Wahrscheinlich sind aber die genannten Propheten selbst oder ihre Schüler die Verfasser der Texte. Könige legten sogenannte Annalen an. Das sind Aufzeichnungen über wichtige Ereignisse. Aus den Annalen bestehen die Bücher der Chronik. König David verfasste die meisten Psalmen und König Salomo laut Überlieferung die Sprüche des Predigers. Er galt als ein besonders weiser Mann.

Das Zweite Testament gehört nur für Christen zur Bibel dazu. Auch die Autoren dieser 27 Bücher waren ganz verschiedene Menschen, die zu unterschiedlichen Zeiten lebten. Zu ihnen gehören die Verfasser der vier Evangelien Matthäus, Markus, Lukas und Johannes. Petrus und Paulus verfassten Briefe. Aber einige Briefe haben sicher ihre Schüler unter dem Namen ihrer Lehrer verfasst. Das war schon damals so üblich.

Übertragen wir dieses Rollenspiel auf die Botschaften. Der Autor wird bei der Weitergabe der Offenbarung Gottes durch den Heiligen Geist beeinflusst. Er wird mit Gedanken erfüllt, die er mit eigenen Worten wiedergibt. Der Geist Gottes und der Geist des Menschen verbinden sich, sodass die Worte des Autoren zum Wort Gottes werden (vgl. 2. Petrus 1,20.21).

Quellen; Internet

Gerd Morig

Es waren also zu allen Zeiten MENSCHEN die Gottes Worte niedergeschrieben haben. Das war so und das wird auch so bleiben. Die Ungläubigen sollten ihre Einstellung zu Gott überprüfen.

Originalaufzeichnung

6 APRIL Montag — Veränderung (96) — 23-04 — 15. WOCHE, 96. Tag

Die Bibel hat viele Ratschläge, so bedenkt und passt auf. Alles kann so oder so enden. Euer Ja ich bin da. Gott

Und wieder mal ist es so, wie das Blatt zwei Seiten hat, so hat die Veränderung auch zwei Seiten. Mit einer Veränderung könnt ihr den guten positiven Weg gehen, der Euch glücklich macht. Oder aber den schlechten nicht gewollten negativen Weg. Der gute Weg ist immer ein Pfad, den möchtet Ihr Menschen gerne gehen. Er verspricht Wohlstand, Gesundheit und Liebe. Wenn Ihr dafür gekämpft habt und ihn Euch erarbeitet, dann habt ihr ihn auch verdient. Der negative Weg kann Euch auch manchmal falsche Schritte gehen lassen. Ihr Menschen merkt so oft zu spät, daß ihr auf dem falschen Weg seit. Kehrt um. Laßt Euch nicht in die irre führen. Es bekommt Euch nicht. Glaubt nicht an alle Versprechen, die man Euch gemacht hat. Es könnte eine Falle sein. Ich beobachte Euch genau und weiß, das immer das Gute siegen wird. Darum ruft mich, betet und sucht meinen Rat. xxx

Originalaufzeichnung

geheilt (97) 23.04
APRIL 7
Dienstag

Euch. Ihr werdet staunen! Verliert nie den Mut und das Glauben an mich. Ja, ich bin da. Geheilt werden, geheilt sein ist oft ein Wunder der Natur. Wenn ihr Menschen gesund seid, ist alles in bester Ordnung. Ihr fühlt Euch stark und kräftig, habt viele Ideen und denkt nicht an Krankheit. Ganz plötzlich kann sie über Euch kommen und die Welt auf den Kopf stellen. Dann ist nichts mehr wie es war. Jetzt muß gehandelt werden, damit alles wieder besser wird. Das ist natürlich richtig, aber meine Wege sind unergründlich. Ihr Menschen sollt glauben, wenn ich es möchte werdet ihr geheilt. Oder ihr müßt die Erde verlassen weil die Zeit reif ist. Viele Heilungen sind einfacher mit dem Glauben an mich. Ich gebe Euch Kraft im Glauben. Laßt Euch untersuchen, damit ihr wißt die Ursache. Nehmt Lehren an und befolgt sie. Trotzdem bin ich immer noch der Weg zur Heilung. Es kann ein langer Weg werden aber ich helfe Euch wenn ihr mich ruft. Ich habe XXX

Meine Erfahrungen mit Gott

Liebe Leser,

viel ist passiert in all meinen Jahren, die ich lebe.

Ich möchte euch meine Verbindung mit Gott verständlich machen. Heute rückblickend habe ich diese Verbindung in die Wiege gelegt bekommen. Anders kann ich mir all die Begegnungen nicht erklären. Mein Liebe, meine Gedanken und meine Gefühle waren immer mit Gott verbunden.Bis zu meiner Einschulung habe ich von Gott nichts gewusst. Dann bekam ich Religionsunterricht in der Schule. Jede Woche eine Stunde. Die Bibel wurde uns vorgetragen und verständlich gemacht. Ich entwickelte ein großes Bedürfnis für diese Welt des Glaubens. Meine Mutter war nicht gläubig. Ich stellte tausend Fragen und hörte nicht mehr auf. Sie wollte es nicht hören und auch nicht beantworten, für sie gab es keinen Gott. Sie beschloss, mich aus dem Unterricht zu nehmen und eine andere Aufgabe sollte mich davon wieder ablenken. Ich hörte hinter der Tür wie die Religionslehrerin zu meiner Mutter sagte: „ Ihre Tochter ist sehr interessiert, es ist nicht gut wenn sie da rausgerissen wird." Es half alles nichts. Ich durfte da nicht mehr hingehen. Nun bekam ich eine Mandoline, Notenhefte, Ständer usw. Jede Woche fuhr ich mit dem Fahrrad zur Musiklehrerin und sollte zeigen, was ich schon kann. Ich hatte dazu keine Lust. Die Lehrerin sagte: „Du bist nicht musikalisch, das ist hier nichts für dich." Ich fuhr einfach nicht mehr hin und das war gut so. Dafür habe ich in der Bücherei in der Bibel gelesen und die hat mich gefesselt.In der sechsten Klasse wurde ich schwer krank. Ich wurde ohnmächtig und hatte plötzlich keine Kraft mehr. Es wurde Zucker festgestellt, sehr hoch. Ich lag nur noch im Bett und habe gebetet: „Lieber Gott, hilf mir, ich möchte erwachsen werden und Kinder bekommen."

Immer wenn die Kirchenglocken in Feldberg läuteten, haben die Leute gesagt: „Jetzt ist wohl die Tochter von Frau Beyersdorf gestorben." Da war ich elf Jahre alt.
Ich konnte lange nicht in die Schule gehen. War zum Skelett abgemagert und musste mit dreizehn Jahren wieder laufen lernen. Mein Zucker war plötzlich wieder fort. Drei Ärzte sagten: „ Es ist ein Wunder." Keiner konnte es verstehen, weil gerade in der Zeit viele Kinder und Erwachsene an Zucker gestorben sind. **Gott hat mir geholfen!** Ich wusste es, denn ich hatte immer jeden Tag gebetet. So erholte ich mich wieder nach zwei Jahren Kampf in meinem Leben. Wir schrieben da das Jahr 1961. Am 14. Juni 1969 wurde unsere Tochter Uta geboren. Es war eine sehr schwere Geburt, denn sie hatte sich noch nicht gedreht. So war erst ein Bein zu sehen und das andere war angezogen am Bauch. Nach einem Schnitt wurde es für die Entbindung etwas leichter. Denn es musste ja der Po mit dem angezogenen Bein raus. Die Ärzte haben auf den Bauch drücken müssen, mit großer Gewalt. „Wenn das Kind jetzt nicht in einer Minute raus ist, dann lebt es nicht mehr." Das eine Beinchen war schon ganz blau. Zum Glück haben wir es alle geschafft. Die kleine Uta war gesund und munter. Ich war so glücklich, wie man nur sein kann. Ich habe mein Baby bewundert und alles war gut. Einen Monat später am 11. Juli 1969 wurde ich einundzwanzig Jahre alt. Vier Wochen mit meinem Baby waren wunderschön aber auch sehr anstrengend. Ich bekam Fieber nach der Geburt. Es wurde immer schlimmer. Am Abend des 10. Juli habe ich Kuchen gebacken und bekam einen Blutsturz mit über 40° Fieber plötzlich. Ich kam ins Krankenhaus in eine kleine Kammer. Lag nur in Blutlachen. Meine Besinnung ließ nach. Ich rief Gott noch: „Bitte lass mich nicht sterben, mein Kind braucht mich." Am nächsten Morgen, an meinem 21ten Geburtstag, wurde ich dann im OP ausgeschabt und man stellte fest, dass ich eine Vergiftung hatte, weil von der Nachgeburt Rückstände im Körper geblieben waren.

Diese hatten die Vergiftung verursacht. Mein Körper musste wieder kämpfen.
Gott hatte mir wieder geholfen.
Ich kam auf ein normales Krankenzimmer und die Frauen sagten zu mir: „Wissen sie überhaupt wo sie gelegen haben? Das war das Sterbezimmer!" Vier Wochen lag ich im Krankenhaus. Meine Blutwerte waren sehr schlecht. Als ich wieder nach Hause kam, war unsere Uta schon acht Wochen alt. Meine gute Schwiegermutter hatte sich liebevoll gekümmert.
Gott sei Dank, den Kampf durfte ich auch gewinnen!
Und wieder war ich noch am Leben. Ein Wunder.
Am 27. März 1972 wurde unsere Tochter Anja geboren. Alles war gut. Am 30. Dezember 1977 wurde unser Sohn Kai geboren. Alles war gut. In all den Jahren habe ich viel Freude mit den Kindern gehabt. Es war eine schöne Zeit. Die Familie war mir sehr wichtig.
Dann waren die Kinder aus dem Haus und ich wurde wieder schwer krank. 1995 bekam ich Schmerzen in den Händen und Beinen. Des Nachts saß ich auf der Bettkante und jammerte. Habe sehr viele Schmerztabletten genommen in der Zeit von einem Vierteljahr. Ich war beim Hausarzt. Der sagte: „Sie haben nichts, ihre Blutwerte sind in Ordnung." Dann ging ich zum Frauenarzt. Der sagte auch: „ Alles in Ordnung." Daraufhin ging ich zum Herzspezialisten: „ Alles in Ordnung." Ja, was hatte ich bloß, für mich war nichts in Ordnung. Wieder saß ich nachts auf der Bettkante. Es war plötzlich so als wenn Gott zu mir gesagt hätte: „ DU GEHST MORGEN FRÜH IRGENDEINE STRASSE LANG UND SUCHST DEN ERSTEN ARZT AUF, DEN ES DORT GIBT. DER HILFT DIR! " Dieses tat ich auch. Gott lenkte mich.
Der Arzt war einmalig zu mir. Ich erzählte ihm alles und er hörte geduldig zu. Dann sagte er zu mir: „ Es ist zwar nicht meine Aufgabe, den ganzen Körper per Ultraschall zu untersuchen, aber ich möchte ihnen helfen.

Ich untersuche auch ihre Eierstöcke und Gebärmutter." Er fing von der Schilddrüse an bis zum Bauchraum.
Plötzlich hielt er inne und sagte: „ Einen Moment mal bitte, ich sehe da etwas. Sie haben einen großen Tumor im Eierstock. Was ich jetzt sehe, elf Zentimeter aufwärts. Sie müssen sofort ins Krankenhaus." Es war Freitag. Er rief das Krankenhaus an und ich bekam sofort für Montag einen Termin. Am Mittwoch wurde ich operiert (Totaloperation). Der Professor stand am meinem Bett und sagte: „Es war höchste Zeit, der Tumor hatte eine Größe von sechzehn Zentimeter (Kindskopfgroß), das Gewicht war 875 Gramm. Wir müssen auf den Befund warten, ab zehn Zentimeter kann man damit rechnen, dass er bösartig ist."
Ich betete und hatte Angst. Nach 5 Tagen kam die erlösende Antwort. Alles ist gut. Wieder wurde ich gerettet obwohl ich kurz vor dem Ende stand. **Gott hat mir geholfen und mich zu dem richtigen Arzt gelenkt.** Ich erholte mich schnell und war glücklich. Gott – sei - Dank! Bitte liebe Leser, es wird unheimlich - nicht glaubhaft und wieder ist es etwas ganz Besonderes, was ich erwähnen möchte. Wollte es erst nicht reinschreiben, aber dann habe ich so gedacht: „Auch diese ungewöhnliche Begegnung darf ich euch nicht vorenthalten." Ich ging mit meiner Freundin und ihrer Tochter zu einem Vortrag von einem Gelehrten, über Karma und Wiedergeburt. Er hatte in der Schweiz studiert. Wir waren ungefähr 100 Personen. Ich saß in der letzten Reihe in der Mitte. Er schaute mich immerzu an und ich verstand das nicht - **warum?**
Es kommt noch besser, er zeigte plötzlich mit dem Finger auf mich und sagte vor allen Leuten: „Wissen Sie, ich muss Ihnen etwas sagen, ich habe Ahnung davon, das können Sie mir glauben ich habe es studiert. Es gibt auf der Welt wenige Menschen wie Sie einer sind. Warum, das hört sich jetzt merkwürdig an, aber glauben Sie mir, es ist so. Sie haben einen heiligen Schein um den Kopf."

Ich wurde ganz rot - mir wurde ganz heiß und ich schämte mich furchtbar. Alle Leute drehten sich zu mir um und starrten mich an. Was das schon wieder sollte? Wieder so etwas Besonderes mit mir.

Aber alles sollte wohl so sein, denn den Beweis habe ich heute, dass ich Gott näher stehe als ich glaubte.

Zwei Jahre später, im Jahr 1997 habe ich ein Trauma erlitten und gefühlt, wie mein Körper plötzlich auseinander gerissen wurde. Ich dachte ich wäre ein Vogel. Habe mich schwebend gefühlt und konnte zum Glück klar denken. Habe die Nachbarn aufgesucht und dabei keinen Schritt gespürt. Meinen Körper gab es nicht mehr. Es wurde der Rettungswagen angerufen und ich kam ins Krankenhaus. Dort wurde ich behandelt und bekam das erste Mal starke Beruhigungstabletten. Damit musste ich jetzt leben.

Mein Leben war vollkommen aus den Fugen gesprungen. Ich konnte nicht mehr zur Arbeit fahren und hatte Tag und Nacht Panikattacken. Ständig brauchte ich nachts den Notarzt. Zwischendurch war ich sechs Wochen in einer Klinik, nichts half. Mein Mann konnte mit der Krankheit nichts anfangen. So lebten wir uns auseinander, traurig aber wahr. Meine Tochter Anja kam zu Besuch und ich erzählte ihr von meinen Sorgen. Gott war immer bei mir, aber ich sollte wohl dadurch. Anja hatte Kontakt zu meinem verstorbenen Vater, also ihrem Opa. Sie schrieb immer mit ihm.

Ich sagte: „Frage doch mal Opa, ob ich nochmal einen anderen Mann kennenlerne, der mit meiner Krankheit besser umgehen kann." Anja schrieb: „ Du lernst einen Gerd kennen der Häuser baut." Ich fragte: „Wann wird das sein?" Sie schrieb: „ Wenn die Zeit reif ist." Das war zwei Jahre vor unserer Trennung. In diesen zwei Jahren wusste ich, Gott wird mir helfen. Jetzt gehen die Wunder in meinem Leben weiter. Es wurde spannend. Am 1. Juli 2002 reichte ich die Trennung ein. Am 16. Juli bekam ich von einem Gerd, der Häuser baut, eine Nachricht.

Ich war bei SAT1 in einem Forum und dort meldete er sich. Er bot mir seine Hilfe an und wir telefonierten viel. Ich wohnte damals in Flensburg und er in Celle. Er war auch sehr gottgläubig und hatte auch viele Krankheiten überlebt. Er betete für mich und half mir, wie ein Engel nur sein kann. Ich zog im Herbst 2002 nach Celle. Jede Nacht habe ich aufgeschrien, war am Ertrinken oder Ersticken. Ich schrie plötzlich. „Hilfe ich sterbe." Am nächste Tag war ich kaputt, aber die nächste Nacht kam wieder. Da hatte ich bereits fünf Jahre dieser Nächte hinter mir. Ich betete jeden Tag und jede Nacht. Es half nichts. Die nächsten sechs Jahre ging es so weiter. Jede Nacht, manchmal auch zweimal, schrie ich auf und war dem Tod so nah. Mein Gerd nahm mich immer fest in den Arm. Er reagierte sofort und versuchte mich zu beruhigen. Seine Liebe für mich war von Gott bestimmt. Dann wurde meine Mutter sehr krank und brauchte Pflege in ihrem Haus. Wir haben im Jahre 2008 damit begonnen. Das war in Feldberg, Mecklenburger Seenlandschaft. Auch dort ging es jede Nacht weiter. Wir schrieben schon das Jahr 2010. Dreizehn Jahre waren vergangen und ich kam da nicht raus. Im Gegenteil, es wurde immer schlimmer. Zwei Nächte hintereinander waren so schlimm, dass ich nicht mehr schlafen gehen wollte. Ich weinte nur noch im Bett vor Angst. Was jetzt kommt ist nicht zu glauben, aber trotzdem die reine Wahrheit. Ich sage immer: „ Es ist ein Märchen, zu schön um wahr zu sein."
In der nächsten Nacht wollte ich nicht einschlafen und habe aus Verzweiflung geweint. Die dicken Tränen liefen mir über die Brust, ich riss die Arme hoch und flehte wie noch nie: „ Lieber Gott - ich kann nicht mehr, so kann es nicht weitergehen, ich bin am Ende hilf mir - bitte, bitte, bitte!"
Ich betete eine halbe Stunde lang und mein Mann lag neben mir. Er hat alles mit angesehen und angehört.

Ich hatte plötzlich das Gefühl, als wollte ich das ganze Universum erreichen und mein Flehen sollte und musste da ankommen. Ich schlief irgendwann ein - ich hatte das erste Mal nach dreizehn Jahren Ruhe in der Nacht. „Komisch," dachte ich am nächsten Tag. „Alles gut, wir werden sehen." Von dem Abend an war ich tatsächlich - Gott sei Dank - erlöst. Dreizehn Jahre Kampf! Habe nicht mehr an Erlösung geglaubt - aber Gott hat sie mir geschickt. Wieder ein Wunder!
Nie mehr habe ich so eine Nacht des Kampfes erleben müssen. Eine lange Zeit - zu lang für das kurze Leben, aber alles sollte so sein. Jetzt schreiben wir das Jahr 2016 und dazwischen ereignete sich genug. 2012 verstarb meine Mutter. Das war ein harter Schlag. Ich hätte sie so gerne noch behalten aber Gott wollte es anders. Ich musste es akzeptieren. Ich brauchte Gott in meiner Nähe und suchte mit meinem Mann den Gebetsraum auf in Langenhagen bei Hannover. Zwei Frauen beteten für mich. Es ging mir allgemein nicht gut. Sie sagten zum Schluss zu mir:
„Du wirst noch große Wunder mit Gott erleben, du wirst staunen!"
Was sollte das schon wieder bedeuten? Ich verstand es nicht! Ein Jahr nach dem Tod meiner Mutter haben wir geheiratet am 12.12.2013.
Es war ein wunderschöner Sonnentag und wir waren glücklich. Dann kam die Weihnachtzeit und wir dekorierten die Wohnung. Daran haben wir zwei immer viel Freude. Alles war besonders gut! Am 11.01.2014 haben wir die Dekoration fortgeräumt. Alles war wieder in Ordnung. Aber ich nicht mehr. Am 12.01.2014 wollte ich morgens aufstehen, aber es ging nicht. Ich kam nicht aus dem Bett. Mein Rücken wollte nicht. Mein Mann hat alles für mich getan.

Ich konnte mich nicht mal drehen. Nicht mal mehr das Glas Wasser vom Nachtisch nehmen zum Trinken. Ich war wie ein Baby so hilflos. Ich habe vor Schmerzen geschrien fünf Tage, als wenn ich fünf Kinder zur Welt bringe. Dann ging es von Tag zu Tag etwas besser.
Ich konnte wieder alles aber nur mit Hilfe. Mit Hilfe meines Mannes konnte ich mich hinsetzen, aufstehen, gehen usw. Er hatte soviel Geduld mit mir, so kann nur ein Engel sein!
Dann kam ich ins MRT. Ich hatte mehrere Verkrümmungen in der Wirbelsäule, eine Bandscheibenumwölbung und -umschlingung, sowie eine Spinalkanalverengung. Ich war nur noch hilflos. Eine Reha wurde abgelehnt mit der Begründung, dass keine Aussicht auf Erfolg sei. Ich lag fast nur noch im Bett mit Schmerzen, weil ich nicht sitzen konnte. Viel ging mir durch den Kopf und so verging ein Jahr mit vielen starken Schmerztabletten und Schmerzsalben.
Ich betete viel. Am 12.02.2015 hatte ich die Idee, Gott zu rufen und mit ihm über meinen Rücken zu sprechen. Ich setzte mich einfach hin und sagte laut: „Lieber Gott wenn du da bist schreibe bitte mit mir. Schreibe, ja ich bin da." Ich setzte den Kugelschreiber an und er rutschte mir nur so über das Papier. Er schrieb: „Ja, ich bin da!"
Es war nur ein Versuch, aber dass dieser Versuch so klappte, machte mich glücklich, aber auch fassungslos. So entstand das erste Interview mit Gott. Ich sagte: „Lieber Gott hilf mir mit dem Rücken." Er antwortete: „Ich habe dir schon genug geholfen, Gerd wird es tun, ich schicke ihm die Energie. Er soll jeden Tag sagen: „Erde sei gut heile jetzt und mache gesund – dazu über deinen Rücken streichen." Es nahm alles seinen Lauf. Zwei Wochen später fragte ich Gott, ob er mit mir 365 Botschaften schreibt für die Menschen. Er willigte ein und schrieb mir die Einleitung.
Die Botschaften erfüllten mich mit Glück. Ich verstand nicht, wie der Inhalt so schnell niedergeschrieben wurde, ohne dass ich ein Wort überlegen musste.

Es war ein Wunder! Die Botschaften bleiben ein Leben lang ein Wunder. Kein Wort wurde durchgestrichen oder verbessert. Alles ging schneller, als man überhaupt denken konnte. Im Original habe ich alle Beweise.
Ich konnte nicht jeden Tag schreiben. Manchmal lag ich zwischendurch zwei bis fünf Tage im Bett. Dann habe ich wieder fünf Botschaften an einem Tag hintereinander geschrieben. Mein Mann, oder mein Engel, hat Gottes Worte eingehalten und jeden Tag zweimal meinen Rücken besprochen. Ende des Jahres 2015 musste ich wieder ins MRT. Danach zur Auswertung zu meiner Ärztin. Sie wusste von nichts mit Gott. Sie saß da und sagte: „Was ist passiert - ein Wunder - das habe ich in meiner ganzen Praxiszeit noch nicht gesehen, so etwas gibt es gar nicht," meinte sie. „Eine Verkrümmung ist ganz und gar fort und die anderen sind rückläufig. Der Spinalkanal hat sich nicht verändert." Dann haben wir ihr alles mit Gott erzählt. Sie hörte genau zu und dann nahm sie uns beide in den Arm und sagte: „ Ich glaube es ihnen." Wir haben gestaunt und wussten - Gott ist bei uns -. Im April 2016 kam das erste Buch in den Handel mit hundert Botschaften. Weltweit über Amazon zu bestellen.
Mein Rücken ist oft noch sehr schlecht. Gott meint, es sei nur ein kleiner Sprung aus der Schüssel, viel müsse noch passieren. So geben wir beide die Hoffnung nicht auf.
Liebe Leser, glaubt nicht wenn ihr viel leiden müsst, dass Gott nicht da ist. Er möchte, dass ihr ihn ruft, mit ihm sprecht und vielleicht auch schreibt. Bitte sprecht laut mit ihm. Das Universum nimmt es dann besser auf. Jeder Mensch hat eine zweite Chance, wenn er Gott ruft. Gott nimmt sich das Buch des Lebens vor und beobachtet diesen Menschen. Er hilft, wenn er möchte und wann er möchte.
Das bestimmt nur Gott !!!
Er holt uns auch ins Paradies, wenn er es für richtig hält.
Setzt Gott nie auf die Anklagebank, da gehört er nicht hin.

Die Schicksale der Menschen und der Welt stehen fest.
Nur durch Beten und einem guten starken Bewusstsein können wir uns und die Welt beeinflussen.
Gott ist keine Märchenfigur, was viele Menschen denken.
Sie meinen Gott gibt es nicht, wenn es einen Gott geben würde, dann wäre dieses und jenes nicht passiert.
Das ist ein Trugschluss! **Gott ist da – immer, ich weiß es!**
Ich bin ihm sehr nah und habe ihn trotz Leid, welches ich immer noch durchmache, nie verleugnet. Seine Hilfe war immer da – nicht sofort, aber wenn die Zeit reif war -.
Glaubt an ihn – bitte – er wird es euch danken.
Vergesst das Beten nie!

Eure Monika Beyersdorf-Morig

Vorwort

Es ist für mich eine besondere Anerkennung, dieses Vorwort für meine liebe Ehefrau Monika Beyersdorf-Morig zu schreiben.
Ich war zusammen mit Frau Brigitte Gailun, der Freundin meiner Frau, am 12.02.2015 dabei, als sie zum ersten Mal Gott gerufen hat, ohne zu wissen ob er sich meldet. Sie sprach mit Gott und erklärte ihm, was sie auf dem Herzen hatte und bat ihn, wenn er da ist und mit ihr schreiben möchte, zu schreiben: „ Ja, ich bin da." Zu unserem großen Erstaunen meldete er sich sofort und schrieb, „Ja ich bin da". Hier ein Auszug von dem ersten Kontakt: *Frage:* Bist du der Aufgabe noch gewachsen? **Gott:** Ich habe Probleme mit den Menschen bekommen. Sie verändern sich sehr, aber nicht in meinem Sinn. Ihr solltet nicht so viel an das Geld denken! *Frage:* An was sollen wir denken? **Gott:** Ihr solltet an die Liebe denken, sie geht verloren unter den Menschen wegen des Geldes! So entstand ein reger Kontakt mit Gott. Viele Diskussionen wurden aufgeschrieben und sollen zu einem späteren Zeitpunkt veröffentlicht werden. Bei einem dieser Kontakte kam die Vorstellung, den Menschen Botschaften von Gott mitzuteilen, in denen er aus heutiger Sicht zu gewissen Themen Stellung nimmt. Immer wieder ist es ein Wunder, wie schnell Gott meine Frau seine Meinung schreiben lässt. Auch hat er mitgeteilt, dass er den Menschen noch viel zu sagen hat und dieses durch meine Ehefrau Monika Beyersdorf-Morig aufschreiben lässt.

Ich wünsche allen Lesern, dass die Botschaften ihnen im Leben, helfen.
Gott ist immer und für ALLE da!

Gerd Morig

Geburtstagskarte von Gott
für Monika Beyersdorf-Morig
geschrieben mit Gott am 11.07.2015

Was für eine Ehre, dir liebe Monika, heute eine Geburtstagskarte zu schreiben.
Für dich ist es genauso ein Wunder wie für mich. Ich habe dich lange beobachtet und weiß was für ein besonderer Mensch du bist. Darum gratuliere ich, Gott, dem Menschen heute, der es verdient hat mit mir zu schreiben.
Daran kannst du schon erkennen, wie wertvoll du für mich bist. Ich sage als dein Gott: „Danke, dass es dich gibt!"
Leider gibt es von diesen Menschen, wie du einer bist, nicht so viele. Warum, das kann ich dir sagen. Dein Bewusstsein ist sehr vorbildlich und deine Eigenschaften als Mensch sind uneigennützig. Du würdest dein Letztes geben, ohne nachzudenken. Dein Herz ist groß und du möchtest alle Sorgen und Nöte in dein Herz lassen. Du hast es auch immer getan.
Leider haben dir viele Menschen einen Streich gespielt.
Du bist immer zerbrechlicher dadurch geworden und wusstest keinen Rat mehr. Deine Seele hat ein Leben lang für das Gute gekämpft, trotzdem stehst du nicht auf der Gewinnerliste. Von Kindheit an warst du hin und her gerissen und wusstest manchmal nicht, wie du dich retten solltest.
Aber du warst immer tapfer und hast mit 1000 Ideen dein Leben verschönt. Du hast dir deine Freude gesucht mit Fleiß und Liebe. Selbst deine schwere Krankheit, die dir bald dein Leben gekostet hätte, hast du tapfer und mit viel Liebe und Beten gemeistert. Du hast im Bett gemalt und gedichtet, wo du es wieder konntest. Viele Menschen in Feldberg waren gerührt von deiner Krankheit. Deine Freunde standen zu dir.
Dein Leben lang hast du die Hoffnung gesucht und findest sie auch. Das hast du immer wunderbar gemeistert.

Dein Glaube an mich hat dir deine Wege gezeigt. Du bist sie tapfer gegangen, aber auch mit vielen Tränen.
Du wolltest immer das Beste.
Du hast gekämpft wie eine Unbesiegbare. Trotz Tränen hast du dich nicht besiegen lassen. Du warst immer mutig und hast neue Wege gesucht und mit meiner Hilfe gefunden. Wir haben gemeinsam deinen Weg immer freigeräumt. Dann hast du mit neuem Mut und Tatendrang deine Ziele verfolgt.
Dann hast du unseren Gerd kennengelernt, du weißt, er ist vom Himmel geschickt. Ihr Beide seid genau die Richtigen für das Buch „ 365 Botschaften von Gott".
Ihr habt damit begonnen und führt es mit wahrer Begeisterung zu Ende. Ein Wunder für uns. Danke!
Wir werden dieses Wunder noch zu spüren bekommen.
Ihr wisst, ihr habt euch das verdient. Euer Leben soll ehrenvoll sein und in meinem Sinn. Ich behüte euch bis ans Ende der Zeit. Dir mein liebes Geburtstagskind, wünsche ich einen tollen Tag und viele schöne Stunden. Denke bitte daran, du bist von mir ausgesucht. Du bist fast einmalig und ich habe Achtung vor deinem Leben. Liebe Grüße an Gerdchen.

Dein dich liebender Gott.

Diese Geburtstagskarte hat mich sehr berührt und die Tränen rollten über mein Gesicht.
Gleichzeitig habe ich sehr gestaunt über diesen Inhalt.
Monika Beyersdorf-Morig

Ich habe das Glück im Herzen

Ich habe das Glück im Herzen denn ich weiß du bist hier.
Alles singt und klingt vor Freude in mir.
Ich setze mich an den Tisch und rufe „Lieber Gott bist du da,
dann schreib bitte: Ja ich bin da"
Und eh ich mich besinne, stehen die Worte auf dem Papier.
Dann sage ich zu Gott „Jetzt schreiben wir
eine Botschaft für die Menschen der Welt."
Und Gott gibt mir 1000 Dinge ein, die ich schreibe für euch.
Er lässt mich verstehen, wir müssen gemeinsam die Wege der Liebe gehen.
Die Wege der Liebe müsst ihr nun lernen.
Denn Bosheit und Hass hat keinen Platz,
wenn ihr gemeinsam, sie nicht in eure Herzen lasst.
Ihr fühlt dann das Glück und den Frieden in euch.
Euer Herz ist erleichtert und ihr wisst genau,
Gott macht uns glücklich wenn wir den Glauben verstehn.
Er wird mit uns über 1000 Brücken des Lebens gehn.
Er zeigt uns den Weg der Geborgenheit
und lehrt uns, geht nicht den Weg zu weit.
Streit und Sorgen könnt ihr begegnen,
sie helfen euch nicht und bringen euch Leid.
Nur, wenn ihr Gott ruft auf all euren Wegen
werdet ihr Ruhe und Frieden erleben.
Wenn ihr das Schicksal möchtet lenken,
dann ist sehr viel zu bedenken.
Das Schicksal steht auf festen Boden und ihr steht mittendrin.
Dreht euch und schaut, überall ist eine Entscheidung aufgebaut.
Sie macht es euch schwer, aber hört auf das Herz.
Nur wenn es singt und klingt, geht ihr dem Glück entgegen.
Bestimmt euren Weg.
Gott und der Glaube ist die größte Macht,
denn sie strahlt Liebe aus und gibt euch Kraft.
Er reicht euch die Hand und liebt euch alle,
denn Liebe wird die Welt verändern.
Und um die Erde wird es klingen.
Der Friede und die Liebe sie liegen sich im Arm
und tanzen um die Erde, uns wird ums Herz ganz warm.
Lieber Gott ich danke dir für deine Mühe mit mir.
Jede Botschaft ist ein Schatz.
Ich weiß du bist da, immer und für jeden Menschen.
DANKE!

Monika Beyersdorf-Morig
Mai 2015

Einleitung
für Gott

Lieber Gott,
ich bitte dich um Botschaften für 365 Tage.
Vor jeder Botschaft werde ich mit dir reden und dir meine
Themen übermitteln.
Wir brauchen neue Richtlinien für die Welt
und für die Menschheit.
Wir brauchen bessere Regeln, die viel aussagen
und deutlich sprechen.
Die Menschen sollen sie verstehen und annehmen
und sie sollen um die Welt gehen!
Liebe, gutes Miteinander, Frieden und
Verständnis für alle Generationen der Länder.
Keinen Hass und keine Ungerechtigkeit zwischen
Arm und Reich.
Keiner soll sterben, weil er arm ist.
Keine Macht und Zerstörung über die Weltkultur.
Menschen sollen nicht hungern.
Tiere sollen nicht gequält werden.
Bäume nicht für Profit abgeholzt werden.
Die Natur soll atmen können.
Die Welt soll erblühen in ihrer ganzen Pracht und Farbe.
Keiner hat das Recht etwas zu zerstören.
Unsere Welt gehört allen!
Leid und Schmerz sollen in ihrem ganzen Ausmaß
gelindert werden.

Monika Beyersdorf-Morig

Einleitung
von Gott

Ja, ich bin da.

Ich werde mit dir schreiben, denn es ist wichtig den Menschen meine Botschaften zu übermitteln.
Ich habe deine Einleitung gehört.
Sie gefällt mir und wir werden gemeinsam ein Buch schreiben für 365 Tage.
Ich werde versuchen, alles verständlich zu machen.
Die Welt muss sich verändern und dabei kann nicht nur ich helfen, sondern in erster Linie der Mensch.
Er sollte sich ändern und sein Bewusstsein schulen.
Die Zeit war noch nie so reif wie heute.
Ich danke dir für deine Arbeit mit mir.
Sie ist positiv und in meinem Sinn.
Ich verspreche dir, mein Bestes zu geben.
Ich sage Danke!

In Liebe
dein Gott

Warnung

Botschaft von Gott

Ja, ich bin da.

Warnungen werden sehr oft nicht ernst genommen, obwohl sie eine Grundlage haben. Da gibt es in eurem Leben ganz viel Dummheit ohne Grenzen. Das Rauchen ist schädlich und der Arzt sagt: „ Aufhören, die Lunge ist in Gefahr. "
Ihr klugen Menschen wollt immer alles besser wissen und plötzlich ist alles zu spät: Lungenkrebs.
Wer soll jetzt noch helfen?
Der Arzt oder ich, der Gott, gemeinsam mit dem heilenden Schutzengel Raphael „ Engel der Wunden".
Wenn er und ich wollen, dann können wir ein Wunder geschehen lassen. Ruft uns und wir kommen!
Genauso sind die Warnungen mit dem Alkohol.
Was macht ihr Menschen mit eurem Körper? Warum liebt ihr euch nicht oder zu wenig? Lernt es, euch nur das Beste zukommen zu lassen. Es lässt euer Leben aufblühen und nicht verwelken. Das ist schon ein großer Unterschied.
Ich, euer Gott, möchte euch klug und bewusst erleben.
Der Erzengel Raphael ist bei euch!
Auch er warnt euch vor Dummheiten.
Hört auf eure innere Stimme, es könnte der „Engel der Wunden" sein, der zu euch spricht!

In Liebe
euer Gott

Betrug

Botschaft von Gott

Ja, ich bin da.

Der Betrug hat leider immer mit zu wenig Bewusstsein zu tun.
Solche Menschen glauben, sie können sich alles erlauben
und keiner bekommt etwas mit. Ihr irrt euch sehr.
Ich, Gott, bin euer Zeuge und weiß, was ihr wieder angestellt
habt. Betrügereien sind an der Tagesordnung und werden erst
beim genauen Hinschauen aufgedeckt.
Wo bleibt eure Ehre und eure Achtung?
Mögt ihr euch überhaupt noch?
Was sagt euer Spiegelbild zu euch, mag es euch noch leiden?
Ich, euer Gott, möchte euch warnen vor zu viel Rücksichts-
losigkeit. Wenn ihr jeden Tag und jede Stunde in meinem
Glauben leben würdet, sähe die Handlung von euch vorbildlich
aus. Ihr traut euch einfach zu viel Schmutziges zu.
Lasst euch mal reinigen, dann sind eure Gedanken wieder
durchlässiger und ihr überlegt auch mal.
Ich, euer Gott, werde euch keine Sterne vom Himmel holen
wenn ihr so weiter macht.
Schaut doch zu wie andere Menschen das Glück ernten.
Ihr habt es jedenfalls nicht verdient!

In Liebe
euer Gott

Stolz

Botschaft von Gott

Ja, ich bin da.

Wie sagt ihr Menschen immer so schön: „Dummheit und Stolz, sind aus einem Holz". Was ich nur zum Teil richtig finde.
Ich, euer Gott, bin der Meinung, jeder Mensch der etwas Besonderes geleistet hat und zu Ehren gekommen ist, hat auch das Recht, darauf stolz zu sein. Deswegen bleibt er trotzdem Mensch und wird geliebt für seinen guten Charakter.
Es gibt genug Dumme die stolz herumlaufen und meinen sie seien die Größten, dabei wissen oder merken sie nicht einmal, dass sie unklug reden oder handeln.
Da passt euer Spruch hervorragend!
Eine Mutter kann und darf auch stolz auf ihr Kind sein.
Es ist für sie ganz etwas Besonderes.
Das hat etwas mit Liebe zu tun.
Großeltern sind auch stolz auf ihr Enkelkind.
Ja, Liebe macht auch stolz. Sie ist das größte Glücksgefühl.
Ich, euer Gott, kann auf all die Menschen,
die an mich glauben, stolz sein.
Ihr seid meine Welt!

In Liebe
euer Gott

Hindernisse

Botschaft von Gott

Ja, ich bin da.

Alles, was euch daran hindert weiterzukommen,
sind Hindernisse.
Sie aus der Welt zu räumen, geht nicht sofort.
Krankheiten können Hindernisse sein und brauchen ihre Zeit.
Schlechtes Wetter kann hinderlich sein, bei Unternehmungen.
Sie müssen abgebrochen werden.
Schlechte Gedanken können daran hindern, freundlich zu sein.
Faulheit ist auch ein Hindernis, ihr kommt nicht weiter.
Ich kenne euch Menschen genau.
Habt Mut, Geduld und Energie.
Das Blatt kann sich drehen und dann sind alle Hindernisse
aus der Welt!

In Lieb
euer Gott

Eigensinnig

<u>Botschaft von Gott</u>

Ja, ich bin da.

In den meisten Fällen sind kleine Kinder eigensinnig,
sie möchten unbedingt ihren Willen durchsetzen.
Trotzdem solltet ihr, liebe Eltern, euch eines merken:
ein NEIN bleibt ein NEIN.
Jedes Kind, welches aus dem NEIN ein JA schafft,
hat gewonnen und wird das nächste JA um so kräftiger
durchsetzen.
Passt auf, ein Tyrann ist schnell erzogen.
Ihr liebt euer Kind auch mit einem NEIN!

In Liebe
euer Gott

Rätsel

Botschaft von Gott

Ja, ich bin da.

Rätsel entstehen immer dann, wenn die Lösung gesucht wird.
Sie lässt sich bloß nicht immer und sofort finden.
Des Rätsels Kern ist oftmals versteckt und erfordert viel Zeit,
viel Energie, viel Klugheit und sehr viel Interesse und Liebe für
die Sache. Dennoch, es bleiben immer Rätsel, die ihr Menschen
noch nicht auflösen könnt. Die kleinen Puzzle auf der Erde
sind relativ einfach, aber um so größer sie werden, um so
komplizierter werden sie auch.
Ihr Menschen habt durch eure Neugier schon viele große Rätsel
gelöst. Ihr seid auf dem Weg der Erforschung und
Erfüllung eurer Eingebung.
Das Universum ist für euch noch ein großes oder riesengroßes
Rätsel. Es ist das Wunder des Unerreichbaren für euch
Menschen und darum so interessant.
Ihr meint, meine Wissenschaft zu kennen. Rätselt ruhig weiter.
Alles bekommt ihr nicht gelöst.
Es geht einfach nicht und ich werde immer ein Geheimnis
bleiben.
Ich bin Gott, und keiner steht darüber!

In Liebe
euer Gott

Betteln

Botschaft von Gott

Ja, ich bin da.

Betteln heißt auch so viel, wie sich etwas erbeuten.
Menschen, die betteln, wissen genau, warum sie das tun.
Sie geben sich keine Blöße und zeigen ganz selbstverständlich ihre Not. Das Betteln hat es immer auf der Welt gegeben und es hört nicht auf. Dieses traurige Dasein anzusehen, kann sehr weh tun und ihr Menschen fragt euch: „Wie konnte das nur geschehen?" Schon wieder muss ich euch tadeln und ermahnen.
Liebe Menschen, schaut euch die Welt genauer an.
Sie ist noch sehr unreif und hat viel Not und Elend auf ihrem Buckel. Lasst die Erde erblühen und keinen Menschen mehr betteln. Ihr habt eine große Kraft, für euch zu kämpfen.
Aber eure Kraft reicht auch noch, für arme Menschen zu kämpfen. Schaut euch die Bettler genau an und hinterfragt die Gründe. Es steckt oftmals viel Leid dahinter.
Sie sind arme Seelen!
Manch eine Seele war reich und hat über Nacht alles verloren.
Helft, gebt Arbeit und Lohn!

In Liebe
euer Gott

Magersucht

Botschaft von Gott

Ja, ich bin da.

Die Magersucht ist leider eine schlimme Krankheit.
Sie breitet sich aus, weil das Schönheitsideal schlank sein soll.
Viele junge Mädchen fallen dem zum Opfer, weil sie diesem Ideal gerecht werden wollen. Sie können damit nicht richtig umgehen und essen zum Schluss noch kaum etwas. Sie finden sich immer noch zu dick. Dabei sind sie schon ganz entstellt und abgemagert. Sie sehen es einfach nicht. Eine gefährliche Krankheit. Leider mussten schon viele Menschen so ihr Leben lassen. Ich kann euch sagen, sie sind freiwillig verhungert. Eine Tragödie. Der Größenwahn der Schlankheit muss aus den Köpfen verschwinden. Liebe Menschen habt keine Angst, dass Leben muss geliebt werden und dazu gehört ein Normalgewicht und gutes Essen. Gönnt euch ein bisschen Fleisch auf den Rippen, dann könnt ihr wie ein Mensch aussehen.
Nehmt meine Worte ernst.
Euer Leben soll kräftig sein, damit ihr es leben könnt!

In Liebe
euer Gott

Undankbar

Botschaft von Gott

Ja, ich bin da.

Leider zieht die Undankbarkeit ihre Bahnen.
Sie lässt Menschen immer unzufriedener sein und Werte sind nichts mehr wert. Welchen Weg geht ihr Menschen bloß?
Kehrt um, dieser Weg führt ins Unglück.
Ihr werdet soweit gehen, bis ihr unglücklich geworden seid.
Der Weg dahin war übersät mit der Erfüllung eurer Wünsche.
Sie wurden immer größer und alles war selbstverständlich.
Die Freude für ein bisschen, gab es nicht mehr in eurem Leben.
Es musste alles in Hülle und Fülle sein. Aber auch das wurde selbstverständlich. Ihr Menschen habt euch leider auf einen Weg begeben, der euch undankbar werden ließ.
Wo wollt ihr noch hin? Kein Baum wächst in den Himmel.
Von hoch oben, könnt ihr tief fallen.
Besinnt euch und sucht die Dankbarkeit für alle Geschenke des Himmels. Lasst euer Herz sich freuen und die Liebe einziehen.
Dankt jeden Tag für euer Leben, für das Essen und Trinken und für die schöne Erde!
Lebt in der Besonnenheit und Güte!

In Liebe
euer Gott

Gelegenheit

Botschaft von Gott

Ja, ich bin da.

Ihr Menschen sucht und sucht nach einer Gelegenheit, für was? Vielleicht wollt ihr euer Leben verändern, weil es euch nicht mehr so gefällt, oder ihr möchtet die Gelegenheit nutzen, um aus eurem Talent etwas herauszuholen.
Gründe gibt es viele, auch um Gelegenheiten auszunutzen.
Zum Beispiel ist im Supermarkt eine Tasche offen und ihr braucht nur hineinzugreifen und die Geldbörse herauszunehmen. Solche Gelegenheiten bieten Menschen ein freies Handeln.
Wie ihr eine Gelegenheit ausnutzt, ist ganz eng mit eurem Bewusstsein verflochten. Lasst euch bitte von mir sagen:
„ Nutzt eure Zeit für positive Handlungen. "
Das Leben sollte in eurem Rückblick ein Film der Liebe sein. Ein Film der euch sagt, ich habe klug gehandelt und bin immer ein Mensch gewesen, der Gelegenheiten nur positiv genutzt und mit Verantwortung gelebt hat.
Ich, Gott, weiß, dass alles nicht nur einfach ist, aber der gute Weg ist nun mal nicht immer leicht.
Macht aus eurer Zeit die beste Gelegenheit!

In Liebe
euer Gott

Vorsicht

<u>Botschaft von Gott</u>

Ja, ich bin da.

Dass Vorsicht das oberste Gebot sein sollte, müsst ihr wissen.
Ein jeder Mensch der risikofreudig lebt, besitzt keine Angst.
Vorsicht bedeutet für ihn eine Hemmung seines Vorhabens.
Diese Menschen machen es sich sehr einfach und leicht.
Darin liegt die Gefahr! Übermut tut selten gut, so auch ein
Leben ohne Vorsicht. Überall müsst ihr Menschen auf euch
aufpassen, denn in Sekunden der Unvernunft kann euer Leben
zu Ende sein.
Springt nicht in der größten Hitze ins kalte Wasser, ohne euch
vorher abzukühlen. Euer Kreislauf ist in Gefahr!
Jeder Mensch von euch kann Freude genießen,
aber bitte immer mit Vernunft!

In Liebe
euer Gott

Weise

Botschaft von Gott

Ja, ich bin da.

Die Weisheit ist der Schlüssel zum Himmelstor.
Sie öffnet euch alle Türen und ihr weisen Menschen blickt sehr weit. Ihr könnt in eine Unendlichkeit blicken mit eurer Weisheit und schätzt das Leben, die Menschen und eure Erde richtig ein. Euer Glaube bringt euch mir sehr nah und euer Leben ist in Herrlichkeit eingebunden.
Weise Menschen haben auch viel Leid erfahren, sie sind mit des Lebens Weisheit verbunden.
Sie können gut und schlecht sehr gut trennen.
Behütet die Weisheit, wir brauchen sie!

In Liebe
euer Gott

Hexe

Botschaft von Gott

Ja, ich bin da.

Das Leben kann wie ein Märchen sein, denn ihr findet Gut und Böse darin. Ihr findet auch Hexen auf der Welt und die meinen es genauso schlecht wie die Hexen im Märchenbuch.
Hinterlistige, freundliche und keinem etwas Gutes gönnende Menschen sind sehr gefährlich.
Sie sagen nicht das was sie meinen, sondern sind hinterhältig und bösartig. Sie reden schlecht über Menschen und merken nicht einmal, wie schlecht sie selber sind.
Eine furchtbare Figur auf der Erde. Unheil ist ihre Freude.
Nehmt euch in Acht vor solchen Menschen.
Sie haben keine Liebe zu verschenken.
Ihr Herz ist nur auf das Schlechte aus.
Sie erzählen von euch Geschichten, die nicht stimmen und verbreiten Unwahrheiten.
Liebe Menschen, ihr wisst genau was ich meine.
Lasst euch nichts vormachen, denn es könnte euch nicht bekommen. Lasst diese bösen Hexen links liegen oder tastet euch sachte an sie heran, um sie zur Vernunft zu bringen.
Haltet ihnen einen Spiegel vors Gesicht, damit sie sehen wer sie sind!

In Liebe
euer Gott

Schreck

Botschaft von Gott

Ja, ich bin da.

Der Schreck kommt von einer Sekunde auf die andere.
Er überfällt euch Menschen förmlich.
Ihr habt mit so etwas nicht gerechnet und mit einem Mal seid ihr wie erstarrt. Wo kommt der Schreck her?
Er kann von überall herkommen, ihr könnt ihn nicht einkalkulieren. Auf der Autobahn ein plötzlicher Unfall, jemand fährt euch ins Auto. Ihr merkt nur noch den Schreck und dann ist alles zu spät. Wenn ihr Menschen da keinen Schaden genommen habt, seid ihr noch mal mit dem Schrecken davongekommen. Es kann aber noch viel schlimmer enden.
Der Partner liegt morgens tot im Bett. Alles das gibt es.
Euer Leben, liebe Menschen, ist immer und zu jeder Zeit gefährdet. Den Schreck kann keiner einkalkulieren.
Er ist plötzlich in eurem Körper. Ihr müsst damit leben, denn wenn die Zeit reif ist, kann viel passieren.
Darum genießt das Leben, freut euch über jeden Tag und denkt: „ Lieber Gott beschütze mich vor Unheil und Schrecken.
Lass mich in deiner Obhut geborgen sein!"

In Liebe
euer Gott

Zauber

Botschaft von Gott

Ja, ich bin da.

Die Zauberkraft ist überall und jeder Mensch, der dafür Verständnis hat, kann damit arbeiten.
Mit der Zauberkraft ist die Energie gemeint.
Sie liegt im Universum und hat eine positive wie auch negative Energie. Darum rate ich euch Menschen, nutzt nur die positive Energie, sie verspricht Heilung, Wohlbefinden und Glück.
Die negative Energie macht andere Menschen und auch euch unglücklich. Benutzt sie nie. Sie macht nicht nur euch Menschen unglücklich, sondern auch mich, euren Gott.
Ihr verändert das Universum negativ und damit werden meine Träume von euch Menschen leider zerstört.
Alles auf der Welt und im Universum geht nie verloren.
Jede Kraft bleibt erhalten und entfaltet ihre Macht.
Lebt im Bewusstsein, strengt euch an.
Böse Menschen können viel anrichten, sie sind wie Krieger, die alles zerstören.
Menschen mit einem liebenswerten Charakter bauen alles wieder auf. Sie sind meine Engel.
Passt auf eure Worte und Taten auf.
Alles kann geschehen!

In Liebe
euer Gott

Gnade

Botschaft von Gott

Ja, ich bin da.

Die Gnade gibt es leider viel zu wenig auf der Erde.
Ihr geht damit sehr geizig um. Warum seid ihr so, habt ihr eure Freude daran andere Menschen zu demütigen?
Jeder Mensch hat Gnade verdient, aber nur sehr wenige bekommen sie.
Ich, euer Gott, rufe euch auf: „ Lasst Gnade walten!"
Ihr wisst, ich halte nicht viel von Strafen, weil der Mensch dann noch mehr Hass entwickelt. Mein Wunsch wäre es, Menschen zu helfen, dass sie einen besseren Weg finden.
Eines ist schon lange klar, vom Wege abzukommen ist manchmal nur ein kleiner Sprung, und mit einem Mal habt ihr Menschen eine schlechte Tat vollbracht.
Ihr wart nie so, aber das Leben hat euch irgendwie herausgefordert. Alles kann sehr schnell passieren.
Was macht ihr, wenn euch plötzlich jemand ohne Grund angreift und schubst. Schnell kann daraus eine böse Tat werden.
Menschen können den besten Menschen zum Verbrecher werden lassen. Das ist grausam. Das dann richtig einzuschätzen,
ist auch für die Gerichte schwer.
Prüft alles genau, damit kein Unrecht geschieht.
Die Gnade ist meine Erlösung für euch!

In Liebe
euer Gott

Gefahr

Botschaft von Gott

Ja, ich bin da.

Ihr Menschen könnt die Gefahr suchen oder sie überfällt euch plötzlich aus heiterem Himmel. Leider gibt es immer wieder angstlose Menschen, die sich mit dem reinsten Vergnügen in die Gefahr stürzen. Sie wissen was sie tun und riskieren -ALLES-. Der Kick ist ihnen das Wichtigste. Wenn ich, euer Gott, überlege, was aus euch Menschen geworden ist: ihr entgleitet mir immer mehr, ohne Glauben. Die Menschheit läuft Gefahr, dass alles was erblüht, vor der Blüte eingeht.
Ihr wollt es nicht wahrhaben, dass euer Bewusstsein schon im Kindesalter verloren geht. Wie soll der heranwachsende Mensch denn Bewusstsein entwickeln, es kommt gar nicht so weit. Das Blühen und Verwelken gibt es nicht mehr.
Die Knospe wird abbrechen, weil sie an einem zu dünnen Stiel ist. Wenn ihr, liebe Eltern, euren Kindern keine Stärke gebt, werden sie schwach für viele Gefahren.
Passt auf und lehrt den Kindern das Beten!
Bitte, es macht sie reifer für das Leben und lässt sie aufblühen!

In Liebe
euer Gott

Ekel

Botschaft von Gott

Ja, ich bin da.

Es ist menschlich normal, dass man sich vor etwas ekeln kann.
Trotzdem solltet ihr dagegen ankämpfen, um Not zu mildern.
Überall auf der Welt passieren Unfälle mit erheblichen Folgen, da darf sich kein Retter ekeln. Kein Arzt im OP - Raum darf sich ekeln. Es ginge die Arbeit nicht weiter.
Bei Ekel sind tapfere Menschen gefragt, die die Gebeine von - zum Beispiel - Flugzeugopfern zusammensammeln.
Ihr Menschen könnt über euch hinaus tapfer sein.
Die Welt braucht solche Menschen, die sich nicht ekeln.
Ich, euer Gott, würdige eure Taten und weiß, ihr seid hervorragende Menschen mit hohem Bewusstsein!

In Liebe
euer Gott

Erziehung

Botschaft von Gott

Ja, ich bin da.

Liebe Eltern, hier habe ich auch ein Wörtchen mitzureden, weil ich weiß, dass ihr nur das Beste für euer Kind wollt.
Wisst ihr, was das Beste ist? Ich sage es euch:
„ Erst einmal Liebe, dann muss das Kind immer Geben und Nehmen lernen.
Zeigt klare Regeln und erzieht es zum Fleiß.
Ganz wichtig, der Fleiß, weil durch Arbeit der Verstand wächst und das Kind früh Freude daran findet.
Es wird später, immer gerne fleißig sein.
Was ihr nie vergessen solltet, ist die Kinderbibel.
Lest sie dem Kind vor und erklärt sie.
Euer Kind wird sehr reif werden, mit einem hohen Bewusstsein!"

In Liebe
euer Gott

Abenteuer

Botschaft von Gott

Ja, ich bin da.

Euer ganzes Leben ist ein Abenteuer von Geburt bis zum Tod.
Es erwartet euch so viel und alles ist möglich.
Lasst es an euch herankommen und macht aus allem das Beste.
Eure Wege sind manchmal kurz und manchmal lang,
manchmal steinig und manchmal eben.
Es begegnen euch viele Menschen in dem Abenteuer LEBEN.
Von vielen trennt ihr euch wieder und viele bleiben ein Leben
lang bei euch. So spielt jeder seine Rolle in eurem Abenteuer.
Es gibt gute und böse Menschen, ihr werdet erfreut oder
geärgert. Eure Eltern und eure Kinder sowie eure Partner sind
immer ein Abenteuer der Liebe. Dieses ist das schönste aller
Abenteuer für euch.
Liebe geben und Liebe nehmen machen euch reich.
Ihr seid glücklich! Das Abenteuer älter und alt zu werden,
kostet manchmal viel Kraft. Aber das Leben hält auch im Alter
noch schöne Abenteuer für euch bereit.
Wenn ich, Gott, euch rufe, dann kommt ein anderes Abenteuer.
Ihr spürt mich und ich berühre euch. Ihr kommt zu mir.
Ich beschütze euch hier und bereite euch auf euer nächstes
Abenteuer vor. Das Leben!
In Liebe
euer Gott

Befehl

Botschaft von Gott

Ja, ich bin da.

Was alles in eurer Natur liegt, ihr glaubt es nicht.
Trotzdem habt ihr Eigenschaften, die ihr auch unter bestimmten Bedingungen ausführt. Zum Beispiel, befehlen!
Ihr Menschen befehlt sogar ganz gerne und könnt euch dann aufspielen, als wenn ihr die Größten seid. Mancher Befehlshaber
zeigt aber nur, dass er der kleinste, der gemeinste und wunderbar ausführende Dumme ist. Davon gibt es leider auf der Welt genug. Diese Leute bilden sich auch noch einen Haufen ein.
Manche Befehlshaber sind zu allem fähig: für Geld, für Macht und für Gewalt. Sie haben ihre Seele verkauft.
Diese Menschen gab es schon zu allen Zeiten. Sie sind gewissenlos. Es interessiert nicht der Mensch, sondern die Tatsache, dass sie Befehle ausführen lassen und selber ausführen.
Manchmal sogar noch mit einem höhnischen Grinsen im Gesicht. Sie sind vom Wege abgekommen und haben sich in der Dunkelheit verlaufen. Jetzt blendet die Sonne sie so sehr, dass sie nichts mehr richtig sehen und einschätzen können.
Sie sind geblendet in ihrem Verstand.
Liebe Menschen sucht die Liebe, dann seid ihr wieder frei im Herzen!

In Liebe
euer Gott

Chance

Botschaft von Gott

Ja, ich bin da.

Was denkt ihr denn, wie viele Chancen ich euch Menschen im Leben einräume?
Es gibt für euch genug Gründe, immer wieder von vorne anzufangen. Viele Wege habe ich euch schon leer geräumt, damit ihr besser darauf gehen könnt.
Viele Menschen haben auch den richtigen Weg genommen und ihr Glück gefunden.
Andere hören nicht auf mich und gehen falsche Wege ins Unglück. Das muss alles nicht sein. Ihr könnt immer wählen. Aber ihr müsst den Weg erst gehen und am Ende steht ihr vor dem Erfolg oder vor der Niederlage.
Achtet einmal darauf, wie viele Chancen ihr für einen Neubeginn habt. Ihr müsst ihn nur richtig nutzen. Ein Neubeginn hält alle Türen offen, geht hindurch und schaut mit klugen Augen was er euch bietet. Lasst euch nicht blenden.
Der Fleiß bringt die größten Errungenschaften.
Denkt daran, ihr bekommt nichts geschenkt. Alles hat nur seinen Wert im Fleiß und in der Liebe
Ich, euer Gott, wünsche mir von euch viele gute Gedanken und Taten, sodass eure Chancen gut stehen.
Ich freue mich für euch!

In Liebe
euer Gott

Denkzettel

Botschaft von Gott

Ja, ich bin da.

Ein Denkzettel ist ein ganz besonderer Zettel.
Er ist nicht aus Papier, aber er sitzt fest in eurem Kopf und verhilft euch zu Erinnerungen. Habt ihr Menschen nämlich mal eine Dummheit begangen und seid mit einem Denkzettel noch einmal ganz gut davongekommen, dann ist das tief in eurem Inneren so verankert, dass ihr den gleichen Fehler nicht noch einmal wiederholt. Jedenfalls wenn ihr klug seid, werdet ihr das nächste Mal überlegen. Die kleinen oder größeren Denkzettel sind eine Hilfe für das Leben. Sie lassen euch wachsen und klüger werden. Hebt sie schön auf und vergesst sie nicht, seid froh, dass ihr sie habt.
Ich, euer Gott, kann euch nur sagen: „ Sie können euer Leben retten."
Manchmal geht das Leben von euch seltsame Wege und ihr versteht vieles nicht. Erst nach Jahren habt ihr begriffen.
Alles hat seinen Sinn. Euer Tun ist immer mit einem Resultat verbunden. Der Mensch kann sich viel erlauben, aber nicht alles.
Merkt euch die Gesetze, alles kommt zurück und der Denkzettel ist eure Rettung!

In Liebe
euer Gott

Eingebung

<u>Botschaft von Gott</u>

Ja, ich bin da.

Ganz plötzlich habt ihr Menschen aus heiteren Himmel so ein seltsames Gefühl, als wenn jemand zu euch spricht und euch sagt: „ Gerade ist etwas in der Familie passiert!"
Ihr wundert euch über diese seltsame Eingebung.
Hat sie etwas zu bedeuten? Wie ernst muss ich sie nehmen?
Wer seine Erfahrungen schon gemacht hat, weiß, dass sie ernst zu nehmen sind. Meistens ist wirklich etwas passiert, zum Beispiel ein Unfall, von dem ihr in dem Moment die Energie aufgenommen habt.
Sie war so mit euch verbunden, dass ihr euch gefühlt habt wie vom Blitz getroffen.
Diese Eingebungen können in bestimmten Situationen und Verbindungen, immer etwas bedeuten.
Prüft sie und glaubt an die Kraft der Eingebungen!

In Liebe
euer Gott

Unvernunft

Botschaft von Gott

Ja, ich bin da.

Eure Unvernunft kann grenzenlos sein, und ihr seid manchmal nicht zu bändigen.
Ihr jungen Leute habt noch euer ganzes Leben vor euch, warum geht ihr so unvernünftig damit um?
Denkt ihr euch gehört die Welt und alles geht nach euren Wünschen? Das ist leider nicht so.
Ich, Gott, sage zu euch: „ Den Spaß mit der Unvernunft solltet ihr lassen. Er kann euch Kopf und Kragen kosten.
Wenn ihr dann im Rollstuhl sitzt und nicht mehr laufen könnt, hat die Unvernunft ihr Ziel erreicht."
Sehr traurig für euch!

In Liebe
euer Gott

Abhängigkeit

Botschaft von Gott

Ja, ich bin da.

Ihr Menschen könnt von vielen guten oder schlechten Sachen abhängig werden. Alles hängt von eurer inneren Stärke ab.
Wenn ihr glaubt alles ist gut, dann irrt ihr euch sehr.
Denn alles ist schlecht und schlechter als ihr es einschätzt.
Eine übertriebene Abhängigkeit kann euch nämlich den Verstand rauben. Ob es Drogen, Sex, Alkohol, Zigaretten, Sport, Arbeit, Geld, Tiere oder sogar der Partner ist.
Jede Abhängigkeit birgt die Gefahr, nicht mehr loslassen zu können. Baut euch kein eigenes Gefängnis, aus dem ihr nicht mehr herauskommt. Es ist nicht eure geliebte Freiheit, die ihr so schätzt, es ist ganz einfach eine Zwangsjacke.
Wenn ihr euch daraus befreien wollt, dann lasst einfach los.
Euer Leben ist zu wertvoll.
Lasst es nicht zu, dass ihr nur noch eure Gedanken auf ein Ziel richtet. Dieses Ziel ist nicht der Weg zu mir.
Sucht meinen Weg und mein Ziel.
Ich helfe euch, wenn ihr mich ruft.
Bitte überdenkt eure Abhängigkeit!

In Liebe
euer Gott

Verletzt

Botschaft von Gott

Ja, ich bin da.

Verletzt werden geht manchmal schneller, als man glauben mag.
Irgendjemand sagt euch ein falsches Wort und schon seid ihr verletzt. Man könnte auch sagen, ihr seid in eurer Eitelkeit gekränkt. Nicht immer ist die Verletzung so gemeint, wie ihr sie aufgefasst habt. Legt also nicht jedes Wort auf die Goldwaage. Ihr werdet euch keinen Gefallen damit tun.
Nicht der andere verletzt euch, sondern ihr selber.
Passt auf euch auf.
Nur Steine können euch treffen, aber keine Worte.
Es ist einfach so! Macht euch stark!
Liebe Menschen, euer Leben wird immer von Verletzungen jeder Art geprägt sein. Lasst sie schnell heilen und nicht ausbluten. Denn eines steht fest, wenn andere Menschen erst wissen, dass sie euch verletzen können, haben sie ein Opfer gefunden. Lasst euch nicht dazu machen.
Immer stark sein und Stärke zeigen. Ich helfe euch dabei.
Euer Gott möchte, dass ihr als seine Kinder außergewöhnlich seid. Lasst es ruhig zu, dass anderen der Mund offen stehen bleibt, weil er bei euch nichts Böses erreichen kann!

In Liebe
euer Gott

Ruhe

Botschaft von Gott

Ja, ich bin da.

Merkt euch bitte eines: In der Ruhe, liegt die Kraft.
Ich denke so oft, wenn ich euch Menschen erlebe, warum könnt ihr nicht mehr Ruhe geben.
Ihr raubt euch die Kraft und Energie.
Auf der Welt ist viel Unruhe und sie überträgt sich auf euch Menschen. Ihr braucht doch nur die Nachrichten zu sehen und zu hören. Sie machen euch ruhelos. Ich kann euch nur raten, passt auf euch auf. Lasst nicht zu viel Unruhe auf euch einwirken.
Sie schadet eurer Gesundheit. Regt euch nicht über jede Kleinigkeit auf, damit löst ihr kein Problem.
Nehmt euch lieber Zeit für die Ruhe in euch.
Meditieren bei Kerzenschein, Musik zum Träumen und gute positive Gedanken stärken euren ganzen Körper.
Ein gutes Buch ist auch etwas für die Sinne.
Es lehrt euch, eure Interessen weiterzuentwickeln.
Bitte liebe Menschen, lasst die Ruhe in euer Herz.
Ihr werdet merken, wie nah ihr mir kommt.
Ihr habt plötzlich das Gefühl, ich bin bei euch!

In Liebe
euer Gott

Zukunft

Botschaft von Gott

Ja, ich bin da.

In die Zukunft blicken und positiv denken, Ziele vor den Augen haben und die innere Kraft, das Universum zu spüren ist Hoffnung und Erfüllung zugleich.
Eure Zukunft könnt ihr mit euren Gedanken ausschmücken.
Lasst Blumen regnen und Sterne vom Himmel fallen.
Lasst euch einfach von eurer Zukunft verzaubern.
Ihr könnt euch alles wünschen und Träume wahr werden lassen.
Baut euch eine Himmelsleiter und steigt sie empor.
Nehmt viele gute Gedanken mit und freut euch des Lebens.
Jede Sekunde eures Lebens ist kostbar.
Atmet sie tief ein, sie gibt euch Kraft!
Ihr wisst nicht, was die nächste Sekunde bringt.
Die Zeit sie eilt und die Uhren ticken, darum seht eure Zukunft ruhig in einem rosarotem Licht. Es tut sooo gut.
Die Liebe tanzt mit euch, sie sagt euch wie schön die Welt ist und alles um euch herum.
Ihr müsst nur die Augen richtig aufmachen.
Ihr werdet staunen und glücklich sein.
Lasst das Negative nicht zu, es passt nicht in eure Zukunft!

In Liebe
euer Gott

Vergangenheit

Botschaft von Gott

Ja, ich bin da.

Eure Vergangenheit ist bei euch Menschen so verschieden wie euer Charakter ist.
Da jeder Mensch von euch einmalig ist, ist auch die Vergangenheit einmalig.
Sie kann so aufregend und spannend gewesen sein, dass sie filmreif wäre. Wer seine Vergangenheit aufschreibt und mit viel Liebe und Geduld ein Buch entstehen lässt, ist unsterblich.
Ihr könnt es halten wie ihr wollt. Vergangenheit muss losgelassen werden, wenn sie euch krank macht! Es nützt nichts, jede Woche zum Psychiater zu laufen, trennt euch dann lieber von der Vergangenheit. Wenn ihr klug seid, sagt euch einfach:
„Die Vergangenheit kommt nicht wieder, sie ist fort.
Nur die Zukunft zählt."
Eines ist doch klar, vor der Vergangenheit braucht ihr keine Angst mehr zu haben. Nur die Zukunft kann euch Angst machen, wenn ihr ständig in schlechte Erinnerungen herumwühlt.
Macht es euch Spaß, jeden Tag in einem Misthaufen zu wühlen?
Das Schlechte muss fort, ihr sollt glücklich sein!

In Liebe
euer Gott

Lob

Botschaft von Gott

Ja, ich bin da.

Menschen, die ein Lob aussprechen, wissen warum.
Sie sind klug und weise und wissen genau,
ein Lob baut die Seele auf und lässt sie wachsen.
Alle Seelen, die brach liegen, brauchen viel Lob und Anerkennung.
Die Menschen, die dafür ein Gespür haben, sind Engel der Seelen.
Sie können viel Gutes erreichen und tun es mit einem sehr starken Bewusstsein.
Es ist eine Berufung für sie, zu helfen.
Ich, euer Gott, weiß, dass es viele solcher Engel auf der Erde gibt.
Ich bin stolz auf sie.
Alles was sie tun, hätte auch ein Lob verdient.
Lobt einfach mal!

In Liebe
euer Gott

Drogen

Botschaft von Gott

Ja, ich bin da.

Warum gibt es Menschen, die sich so gehen lassen, als wäre ihnen alles so egal?
Sie haben keine Achtung vor ihrem Leben.
Sie sind willenlose Geschöpfe.
Es ist ein Trauerspiel zu sehen, wie sie sich ruinieren.
Sie sind in einem Sumpf gelandet und kommen da ohne Hilfe nicht mehr heraus.
Ein Jammer!
Wer so weit ist, sollt seine Seele mir übergeben.
Ich helfe euch, wenn ihr mich ruft.
Ich bin da.
Lasst euren Glauben stark werden, dann werdet ihr auch stark!

In Liebe
euer Gott

Ritual

Botschaft von Gott

Ja, ich bin da.

Rituale können bei euch Menschen viel bewirken.
Es liegt an euren Gedanken und an eurer Energie.
Positive Menschen haben nur positive Rituale, sie können Menschen helfen und gesund werden lassen.
Wobei negative Personen (ich mag nicht Menschen schreiben) viel Unheil anrichten mit ihren negativen Ritualen.
Alles kann passieren, die Zauberkraft im Universum ist umfangreich. Ihr habt bestimmt schon von den Voodoo-Puppen gehört oder gelesen. Wer sich damit beschäftigt und Rituale auslöst, ist von negativen Energien umgeben.
Vorsicht vor solchen Personen. Aber sie vergessen dabei ganz und gar, was sie sich selber auch antun.
Eines Tages werden sie ihren Lohn dafür erhalten.
Alles kommt zurück, das ist wie ein Gesetz im Universum und das ist gut so. Sie können sich also selbst vernichten.
Liebe Menschen, macht einen großen Bogen um solche Personen, sie sind eine Gefahr für die Menschheit.
Ich warne euch!

In Liebe
euer Gott.

Ehre

Botschaft von Gott

Ja, ich bin da.

Liebe Menschen auf der Erde, es ist mir eine große Ehre,
für euch Botschaften zu schreiben. Ich bin glücklich darüber.
Diese Botschaft ist schon die 334te, es geht dem Ende zu.
Ich hoffe und wünsche, dass euch die Botschaften gefallen und
ihr mir einen Schritt entgegenkommt.
Wir müssen gemeinsam die Erde retten. Ihr seht, ich bin bei
euch. Wenn es auch für euch zur Ehre wird, mich zu
unterstützen
durch euer positives Verhalten, dann schaffen wir gemeinsam
ALLES. Euer Bewusstsein wird stärker und durch euren
Glauben werde ich stärker.
Das nächste Buch welches wir fertig stellen, soll heißen:
„Mein himmlisches Wunder – Interview`s mit Gott".
Ich werde viele Fragen beantworten und sie euch dann in die
Welt senden, durch das Buch.
Das wird noch einmal eine große Ehre für mich werden.
Ich bin meiner Schreiberin oder meinem „Engel" wie ich sie
nennen möchte, sehr dankbar. Ich habe sie lange beobachtet
und weiß, dass sie die Richtige für die Bücher ist.
Ihre Ehre ist es, mit mir zu schreiben!
Sie ist sehr mit mir verbunden!

In Liebe
euer Gott

Entschuldigung

<u>Botschaft von Gott</u>

Ja, ich bin da.

In der heutigen Zeit ist eine Entschuldigung schon eine Meisterleistung von euch Menschen.
Dabei kann dieses Wort Wunder bewirken und alles ist wieder gut. Bloß hütet euch davor, 1000 Entschuldigungen anzunehmen
und die gleichen Fehler werden laufend wiederholt.
Das geht natürlich nicht.
Ich, euer Gott, mag bei euch Menschen die Klarheit.
Lasst sie durch ehrliches Verhalten wachsen.
Nichts soll undurchsichtig sein. Euer Glaube an einen Menschen
soll so klar wie ein Kristall sein.
Auch die Entschuldigung sollte nicht einfach so dahingesagt werden, weil sie sich gut anhört. Eines Tages kommt alles ans Licht. Ich, euer Gott, bin bereit zu vergeben, aber ich merke mir trotzdem alles. Geht nie über eine Brücke, die einstürzen könnte.
Sucht immer die Sicherheit und seid euch mit eurer Entschuldigung sicher, dass ihr den gleichen Fehler nicht noch einmal gutmachen müsst.
Ihr werdet doch nicht das 2. Mal über die einsturzgefährdete Brücke gehen.
Seid vorsichtig, es ist euer Leben und euer Bewusstsein!

In Liebe
euer Gott

Empfindlichkeit

Botschaft von Gott

Ja, ich bin da.

Es kommt im Leben auf so viele Kleinigkeiten an, von den großen ganz zu schweigen. Wer nämlich von euch Menschen auf jede Kleinigkeit hört und daraus ein Drama macht, ist die Empfindlichkeit in Person. Wenn ihr das ein Leben lang so beibehalten wollt, braucht ihr euch nicht zu wundern, was euch alles so passieren kann. Diese Aufregung stiftet Unruhe und Unfrieden, wo bleibt da eure Gesundheit?
Ist sie euch nicht wertvoll genug, um sie zu schonen?
Aber das seid ihr Menschen, ihr glaubt in eurem Eifer, euer Leben ist aus Eisen. Eines Tages werdet ihr eines Besseren belehrt und schon wisst ihr, ihr müsst euch vernünftiger verhalten. Euer schönes Leben könnte nämlich dahinschmelzen, weil das Eisen zu heiß wird.
Also, nicht so empfindlich sein, bleibt ruhig und gelassen und hebt euch eure eiserne Kraft für größere Vorhaben auf.
Ihr braucht sie noch und solltet damit sparsam umgehen.
Ich, euer Gott, habe schon viele Menschen dahinschmelzen sehen.
Lasst die Hitze im Ofen.
Begebt euch nicht in Gefahr!

In Liebe
euer Gott

Begeisterung

<u>Botschaft von Gott</u>

Ja, ich bin da.

Ich freue mich über eure Begeisterung.
Sie macht euer Leben schöner und ist immer mit Freude verbunden. Wer von euch die positive Energie benutzt, wird immer auch ein positiver Mensch sein.
Darum lasst die Begeisterung tanzen über Tisch und Stühle.
Nicht jeden Tag ist das Leben eine Freude und darum nutzt jeden Funken aus. Wer das Leben zu schätzen weiß, der versteht es auch zu lieben. Ich sage immer wieder zu euch Menschen:
„ Liebt das Leben, ihr seid auf die Erde geschickt, um glücklich zu sein." Das Glück und die Begeisterung gehören zusammen. Sie sind eine Einheit. Manchmal kommt es von alleine, aber es möchte auch gesucht werden.
Ihr schafft alles, wenn ihr nur wollt.
Ich weiß genau wer einen starken Willen hat!
Euer Gott ist begeistert von euch Menschen.
Euer Feuerwerk ist hier zu spüren.
Es verhilft dem Universum zu mehr Energie.
Danke!

In Liebe
euer Gott

Tadel

Botschaft von Gott

Ja, ich bin da.

Ein Lob schmeckt süß, ein Tadel schmeckt bitter.
So ist das Leben!
Aber alles sollte zur rechten Zeit sein.
Ihr Menschen solltet nicht aus der Laune heraus loben
oder tadeln.
Da ist kein festes Fundament auf dem ihr ein Haus bauen könnt.
Alles muss seine Ordnung haben.
Geht mit Lob und Tadel verantwortungsbewusst um.
Ihr Menschen solltet euch alles genau überlegen.
Ein falsches Wort zur falschen Zeit und schon entstehen
Irrtümer.
Mich, euer Gott, erfreut das nicht!
Eines muss ich euch noch mit auf euren Weg geben:
„Ein Lob ist mehr wert, als ein Tadel.
Ein Lob spornt immer an und ist positiv."
Denkt immer daran!

In Liebe
euer Gott

Unglaublich

Botschaft von Gott

Ja, ich bin da.

Alles, was ihr Menschen nicht anfassen und sehen könnt,
ist für euch unglaublich.
Aber wenn ihr nur an das glaubt was ihr seht, dann wäre die
Welt arm aber für euch glaubhaft.
Ich habe schon lange das Nachsehen, weil viele Menschen an
mich auch nicht glauben.
Aber bedenkt: Ich, Gott, bin keine Märchenfigur, ich bin
Realität.
Ich höre, sehe, helfe und beschütze euch.
Wer mit mir seine Erfahrung gemacht hat, weiß, dass es mich
gibt.
Daran glauben sehr viele Menschen.
Ruft mich, ich bin da!

In Liebe
euer Gott

Peinlich

Botschaft von Gott

Ja, ich bin da.

Jeder Mensch von euch kann in eine peinliche Situation kommen. Es geht schneller als man glaubt.
Ihr braucht euch doch bloß mal zu bücken, und die enge Hose platzt. Was ist denn dann? Wenn um euch herum viele Menschen sind, die das sehen können, dann habt ihr die peinliche Realität. So kann es mit anderen menschlichen Begebenheiten auch passieren. Ihr gießt aus Versehen eure Tasse Kaffee über den Rock 1,2,3, keine Zauberei. Das war Pech und peinlich aber alles menschlich. Ich möchte euch Menschen nur sagen:
„Lacht darüber, weil es Dummheit wäre sich darüber zu ärgern."
Peinliche Situationen sind an der Tagesordnung.
Darum Kopf hoch, geradeaus und alles in Ordnung bringen.
Es ist wieder gut bis zum nächsten Mal.
Wenn ihr Menschen wisst, wie lustig diese peinlichen Zugaben des Lebens sind, dann wisst ihr ganz gewiss, dass es Zugaben des Lebens gibt, die nicht zum Lachen sondern zum Weinen sind. Schätzt eure Situation richtig ein und sagt euch immer:
„ Es gibt Schlimmeres. Davon geht die Welt nicht unter."
Ihr seid klug!

In Liebe
euer Gott

Vertrauen

Botschaft von Gott

Ja, ich bin da.

Vertrauen hat immer einen Hintergrund und baut sich durch sehr viele Bausteine auf. Der Mensch, zu dem ihr Vertrauen haben könnt, ist für euch groß und gewaltig. Er bekommt von euch Anerkennung und Liebe, er hat es sich verdient. Wenn so ein starkes Vertrauen plötzlich missbraucht wird, dann entstehen sehr viele Risse. Sie zu kitten ist relativ einfach, wenn ihr Menschen verzeihen und vergeben könnt. Lasst es zu und zeigt keine Verachtung. Ihr Menschen macht Fehler und lernt daraus.
Gebt jedem Menschen die Chance, alles wieder ins Lot zu bringen. Er schafft es mit eurer Liebe.
Lasst ihn nicht wegen eines kleinen Vertrauensbruchs fallen. Es würde euch nicht auszeichnen. Wie heißt es doch so schön: „Jeder bekommt eine zweite Chance."
Ihr lieben Menschen könnt viel bewirken.
Lasst den Groll los und die Vorwürfe. Sie bringen noch mehr Unheil. Das wäre unklug von euch.
Dann ist da noch die Rache. „Na, dir werde ich es zeigen."
Fort damit! Nehmt euch in die Arme und sagt:
„Ich vergebe dir aus meinem ganzen Herzen, ich liebe dich und werde dir helfen, dass du wieder zu dir findest.
Wir bauen gemeinsam das Vertrauen wieder auf!"
Das gefällt eurem Gott.
Danke!

In Liebe
euer Gott

Verzeihen

Botschaft von Gott

Ja, ich bin da.

Wenn ihr alle auf der Welt verzeihen könntet, dann wäre das Leben unter euch Menschen viel leichter.
Sich in den Arm nehmen und verzeihen, ist wie ein Stein, der von der Seele fällt. Ihr befreit euch und den Menschen, der es verdient hat, nicht mehr länger gedemütigt zu sein.
Verzeihen ist so einfach, ihr müsst es nur tun.
Sagt doch nicht, dass kann ich nicht, habe es noch nie getan.
Ich, euer Gott, meine dazu: Gerade deswegen solltet ihr es lernen und begreifen. Ihr könnt dadurch nur wachsen und das Bewusstsein schulen. Alles Gute benötigt auch die Tat zur Ausführung. Anders geht es nicht. Nur wollen, wollen und wollen, aber nichts tun, ist wertlos.
Ihr vergeudet eure kostbare Zeit mit Sinnlosigkeiten.
Eine gute Tat sollte nie schwer fallen.
Macht euch auf den Weg, das Glück zu überreichen.
Ihr werdet merken, es kommt zu euch zurück.
So einfach ist es, und ihr habt die Herausforderung gemeistert.
Ihr könnt stolz auf euch sein!
Lernt und hört nie auf. Das Gute soll siegen.
Ich freue mich!

In Liebe
euer Gott

Zuverlässig

Botschaft von Gott

Ja, ich bin da.

Ein zuverlässiger Mensch hat sich in der Regel sehr im Griff. Er weiß, dass die Zuverlässigkeit im Leben eine große Rolle spielt und sein Leben darauf aufbaut.
Jedes Ziel, welches er erreichen möchte, hat er mit Steinen gepflastert, die auf Zuverlässigkeit aufgebaut sind.
Er erwirbt sich seine Achtung und Anerkennung und gehört nicht zu den Menschen, die etwas versprechen und nicht halten. Er weiß genau, dass er nur mit Zuverlässigkeit sich selber achten kann. Nie möchte er etwas versprechen und es nicht 100% halten.
Dieser Mensch würde sich selber verachten.
Sein Charakter ist ehrwürdig und nicht mit 1000 Enttäuschungen verbunden. Sein Glaube steht zu mir und seine Seele hat meinen Schutz. Ich, sein Gott, weiß, seine Eigenschaft hilft vielen Menschen, an das Gute zu glauben. Sie können lernen, sich ein Beispiel zu nehmen und die Zuverlässigkeit als wichtigen Bestandteil des Lebens zu sehen.
Es tut einfach gut, so zu sein!
Probiert es aus und ihr werdet positiv überrascht sein!

In Liebe
euer Gott

Elan

Botschaft von Gott

Ja, ich bin da.

Mit Elan und Schwung in den neuen Tag gehen, ist immer mit viel Unternehmungsgeist verbunden.
Es ist toll, diese Menschen zu sehen. Sie haben ihren genauen Plan und teilen sich die Zeit bis zum Schlafengehen gut und richtig ein. Sie lieben es, immer ein Ziel vor den Augen zu haben und freuen sich über jeden Erfolg. Ihr Elan steckt andere Menschen an und lässt sie wachsen. Wenn der Elan in eine positive Richtung gelenkt wird, bin ich begeistert von diesen Menschen. Sie schicken eine große Kraft ins Universum.
Ihr Leben verbreitet auf der Erde viel Spaß und Lebensfreude. Sie nehmen alles in die Hände mit ihrem Tatendrang und schaffen mehr als zwei gemeinsam. Das ist so wie im Märchen. Einer ist fleißig und der andere faul. Der Fleißige
wird belohnt und der Faule muss noch viel lernen, um das Glück zu ernten. Liebe Menschen, liebt das Leben und den Fleiß und den Elan, er verhilft euch zu meiner Nähe.
Ich bin stolz auf euch!

In Liebe
euer Gott

Taten

Botschaft von Gott

Ja, ich bin da.

Eure Taten können euch Menschen auszeichnen.
Sie sind bewundernswert und einmalig.
Sie zeigen Menschlichkeit, Güte und ein vertrauenswürdiges Verhalten.
Es gibt sehr viele Menschen, die so wunderbar sind.
Überall auf der Erde sind sie zu finden.
Sie glauben an das Gute und säen die Saat dafür aus.
Ich, Gott, stehe bei diesen Menschen an 1. Stelle.
Ihr Leben ist mir gewidmet.
Ihr Glaube ist großartig und ich weiß, sie sind meine Unterstützung.
Lasst diese Menschen mehr und mehr werden.
Ich bin glücklich!

In Liebe
euer Gott

Mut

Botschaft von Gott

Ja, ich bin da.

Mut haben bedeutet manchmal, über seinen eigenen Schatten springen.
Ihr Menschen möchtet ja mutig sein, aber manchmal hindert euch etwas daran.
Angst oder Verachtung. Es ist nicht immer einfach.
Wenn ihr euren Mut zusammen nehmt, dann könnt ihr auch Glück haben.
Ich helfe euch wenn ich weiß, ihr habt ein besonderes Talent und die Welt soll es erfahren.
Ihr könnt wunderbar singen und steht auf der Straße.
Wenn ich euch helfe, dann kennt euch bald die ganze Welt.
Nur Mut!

In Liebe
euer Gott

Gedanken

<u>Botschaft von Gott</u>

Ja, ich bin da.

Sind eure Gedanken gut, dann seid auch ihr gut.
Sind eure Gedanken schlecht, dann müsst ihr noch viel lernen.
Die Gedanken können nämlich sehr viel anrichten, sie bestimmen euer Leben.
Darum handelt klug und überlegt eure Taten, sie werden von den Gedanken gelenkt.
Lasst euch in die richtige Richtung lenken, denn Wege gibt es viele. Fahrt eure Gedanken in das Glück, in die Freude, in die Dankbarkeit, in die Liebe, in die Tapferkeit, in die Wahrheit.
Fahrt einfach der Sonne entgegen und euer Leben wird positiv sein. Lasst euch nicht von anderen Menschen Negatives einflößen. Es geht immer um euch persönlich.
Lernt es, mit positiven Gedanken gesund zu werden und achtet auf eure Worte.
Sie sind die Zauberkraft des Universums.
Eure Gedanken spiegeln euren Charakter wider.
Wer ein Engel auf Erden sein möchte, sollte mit einer Engelszunge reden.
Sie tut euch Menschen gut und ich weiß, ihr seid ganz nah bei mir. Das tut auch mir gut!

In Liebe
euer Gott

Liebe

Botschaft von Gott

Ja, ich bin da.

Liebe Menschen, die Liebe ist eine Himmelsmacht, denn sie hat nur Gutes im Sinn und Reines im Herzen.
Jeder Mensch, der liebt ist bereit, seine Liebe als etwas Besonderes, etwas Kostbares anzusehen.
Liebe heißt, ich vergöttere den Menschen, ich liebe ihn bis ans Ende der Zeit. Wird die Liebe erwidert, ist alles in Ordnung.
Wird die Liebe nicht erwidert, entstehen Probleme.
Lasst sie erst gar nicht zum Problem werden.
Ich, euer Gott, muss euch sagen: „Liebe kann wachsen und eure Gefühle können sich verändern.
Lasst die Liebe einfach zu, dann kommt sie auch."
Alle Menschen, die glauben, das ist nicht die große Liebe, können sich gewaltig irren.
Ich muss euch etwas Wichtiges schreiben.
Liebe kommt nicht plötzlich und Liebe ist auch nicht plötzlich wieder fort. Dann war es nämlich keine.
Macht euch mit der Liebe nicht so viel vor.
Alles was wächst, bekommt einen Halt, nur so kann wahre Liebe entstehen und bestehen.
Wer den Kick sucht, kann mir glauben, er ist schneller fort als ihr denkt. Er ist trügerisch und hat schon viele Paare wieder auseinander gebracht.
Immer ist der ganze Mensch mit seinem vollen Bewusstsein liebenswert. Wer Liebe gibt, wird Liebe finden, wer keine gibt, wird keine finden! Schaut in das Herz, es sagt euch die Wahrheit. Ich freue mich, wenn ihr glücklich seid!

In Liebe
euer Gott

Perfekt

Botschaft von Gott

Ja, ich bin da.

Perfekt sein bedeutet für euch Menschen, überall das Höchste anzustreben.
Es ist mit viel Energie zu erreichen, aber es kostet sehr viel Kraft.
Eure Kraft könnt ihr nicht immer richtig einschätzen.
Strengt euch an, aber übertreibt nichts.
Lernt es, mit eurer Kraft gesund zu bleiben.
Die Gesundheit solltet ihr immer im Auge behalten.
Sie ist das kostbarste Geschenk.
Ich freue mich natürlich wenn ich sehe, wie wunderbar ihr euer Leben meistert. Alle Achtung!
Perfekte Menschen haben aber leider manchmal so viel zu tun, dass sie die Liebe ganz vergessen.
Lasst es nicht zu, dass der liebende Partner tagelang
auf euch warten muss. Nehmt euch Zeit für die Liebe.
Teilt die Liebe mit in die Zeit, denn sie sollte selbstverständlich zu eurem perfekten Leben dazugehören.
Ihr schafft es, ihr seid klug.
Ich weiß genau, dass ich auch in euer Leben reingehöre.
Es ist alles ein Zusammenspiel.
Ich bewundere euch!

In Liebe
euer Gott

Verehren

Botschaft von Gott

Ja, ich bin da.

Es ist ein wunderschönes Gefühl, einen Menschen zu verehren.
Er bedeutet euch viel und ihr gebt eure ganze Begeisterung her.
Sei es ein Sänger oder eine Sängerin, den oder die ihr oft auf eine Tournee begleitet, oder einen Sportler den ihr verehrt.
Ihr könnt auch eure Eltern, Partner oder Kinder verehren.
Die Liebe ist immer bereit, euch zu begeistern.
Das Glücksgefühl trägt euch grundsätzlich in die Nähe oder in die Arme der Verehrung. Ihr könnt nicht anders.
Ich, euer Gott, werde auch verehrt und bin darüber sehr glücklich. Umso mehr Menschen mich verehren, umso reiner wird die Welt. Das heißt, ihr reinigt die Welt und sie wird immer besser werden. Ihr reinigt sie vom Bösen und helft mir durch eure Verehrung, stärker für euch zu werden.
Wir gehen alle Hand in Hand. Last meine Hand nie los, denn sie beschützt euch.
Ich habe euch erschaffen und verehre euch auch.
Wenn ihr erst alle meine Engel seid, dann haben wir gemeinsam das Paradies auf Erden!

In Liebe
euer Gott

Lösung

Botschaft von Gott

Ja, ich bin da.

Auf der Welt ist nicht alles nur einfach. Vieles erfordert von euch Lösungen. Die Politik stellt viel in Frage und bis die richtigen Lösungen gefunden werden, verzweifeln viele Menschen. Aber ohne eine erfolgreiche Lösung, die allen gerecht wird, geht das Chaos weiter. Also heißt die Parole: Kluge Köpfe sind gefragt! Durch heiße Debatten können die Worte kreuz und quer schießen und Lösungen werden verschoben. Euch Menschen geht das dann oft nicht schnell genug. Die Geduld kann auf die härteste Probe gestellt werden. Es geht um die Sicherheit, um das Geld oder um die Umwelt. Die Zeit rennt und hat viel mitzureden. Sie kann euch auch unter Druck setzen. Ich, euer Gott, glaube an euch und weiß, dass es oft nicht anders geht. Aber bitte bedenkt immer, verteilt das Geld gerecht. Rüstet nicht noch mehr auf und lasst die Umwelt nicht sterben.
Eure Lösungen sollen immer das Gute für die Menschheit und die Erde bringen.
Ihr schafft es!

In Liebe
euer Gott

Niederträchtig

Botschaft von Gott

Ja, ich bin da.

Niederträchtig sein, zeichnet keinen Menschen aus.
Warum seid ihr so böse und wollt andere Menschen ärgern oder ihnen eins auswischen? Was soll euch das bringen?
Ihr könnt doch nicht allen Ernstes glauben, dass ihr damit eine gute Tat vollbringt.
Der Bumerang kommt immer zurück und eines Tages werdet ihr merken, dass ihr euch selber unglücklich macht und keinen anderen Menschen.
Im Grunde seid ihr schon längst unglücklich und möchtet anderen Menschen von eurer schlechten Torte etwas abgeben.
Ganz schön niederträchtig. Lasst das bitte sein.
Ihr macht euch nicht glücklicher.
Verteilt Freude und ihr werdet merken, sie kommt auch zurück.
Also, habt Gutes im Sinn.
Ich freue mich!

In Liebe
euer Gott

Ratschlag

Botschaft von Gott

Ja, ich bin da.

Ein gut gemeinter Ratschlag, hat schon viel Erleichterung gebracht.
Er ist immer eine Hilfe, die ihr dankbar annehmen solltet.
Ich, euer Gott, weiß, dass Hilfe euch sehr gut tut.
Sicherlich habt ihr auch mal einen guten Ratschlag, den ihr zurückgeben könnt.
Sagt danke für jeden Rat!
Wenn ihr Menschen euch gegenseitig helft, ist die Last auf der Schulter leichter.
Ihr wisst es, es ist fantastisch.
Wunderbar!

In Liebe
euer Gott

Ruhestand

Botschaft von Gott

Ja, ich bin da.

Euren Ruhestand liebe Menschen, solltet ihr euch gönnen.
Er ist das Ergebnis einer langen Reise.
Euer Leben war geprägt von Arbeit und Disziplin, von großer Verantwortung und vielen Hoffnungen.
Jetzt könnt ihr euch zurücklehnen und die Jahre voll genießen.
Ihr könnt genau das machen, was ihr möchtet und euren Ruhestand planen. Entweder allein oder mit Partner.
Viele Menschen lieben es auch, mit ihren Kindern und Enkelkindern Freude zu haben. Sie genießen diese wunderbaren Jahre.
Aber bedenkt auch, viele Menschen haben diese kostbare Zeit nicht erreicht. Sie hatten auch ihre Träume, die sich nie erfüllten.
Ich, euer Gott, rate euch, nehmt euch etwas vor, aber nehmt euch nicht zu viel vor. Bedenkt immer euer Alter.
Eines steht nämlich fest, die Gesundheit kann trügerisch mit euch umgehen und ihr glaubt, noch Bäume ausreißen zu können.
Ihr könnt noch viel, aber nicht alles. Überlasst auch den Jungen etwas, sie lernen von euch und sind dankbar.
Ich freue mich, wenn ihr noch viele schöne Jahre den Ruhestand genießen könnt.
Vergesst mich nicht, betet und ich schaue auf euch nieder!

In Liebe
euer Gott

Übereinstimmung

<u>Botschaft von Gott</u>

Ja, ich bin da.

Wenn ihr Menschen mit mir übereinstimmen wollt, dann ist es ein gutes Zeichen.
Unsere Übereinstimmung wird die Welt retten und sie nicht untergehen lassen.
Ich kann nur mit euch Menschen zusammen Hand in Hand gehen, wenn ihr mir vertraut und meine Gesetze befolgt.
Wer sich von mir entfernt, wird nichts Gutes für die Welt verbreiten. Es geht ja schon so weit, dass es heißt, Gott gibt es nicht. Aber ich kann euch sagen woher das kommt.
Ihr möchtet, dass alles nach euren Köpfen geht und ich soll gehorchen. Dabei ist es umgekehrt, ihr sollt nach meinem Kopf gehorchen. Ihr wünscht euch alles perfekt, aber seid nicht in der Lage, perfekt zu sein. Eure Ansprüche sind so groß geworden, dass ich glaube, ihr Menschen lebt nicht mehr in der Realität.
Ihr macht so viel kaputt und glaubt, ich mache alles wieder heil. So funktioniert das nicht.
Gute Taten und ein guter Glaube kommen mit mir in Übereinstimmung.
Lasst euch von Ungläubige nicht beeinflussen.
Wir müssen die Welt erhalten mit Liebe und Glauben!

In Liebe
euer Gott

Zerbrechen

Botschaft von Gott

Ja, ich bin da.

Es gibt leider genug Gründe an denen ihr Menschen zerbrechen könnt. Euer Leben ist sehr unberechenbar und bringt sehr viele Gefahren mit sich. Eine sehr große Gefahr ist die Liebe.
An ihr sind schon viele Menschen zerbrochen.
Manchmal ist die Liebe wirklich nur ein Spiel.
Wenn es eine plötzliche Trennung gibt, zerbricht oftmals das Herz. Es kann ein Leben lang nicht geheilt werden.
Die große Liebe ist fort und kommt nicht wieder.
Sie ist bei einer anderen Frau oder einem anderen Mann.
Auch wenn alles seinen Grund dafür hat, kann der Liebende mit keinem Verstand der Welt das verstehen.
Wie soll es weitergehen?
Ich, euer Gott, rate euch aber zum Verstand.
Mit eurem großen Gefühl kommt ihr nicht in einen normalen Zustand. Euer Zustand ist durcheinander und ihr bekommt nichts mehr richtig auf die Reihe.
Verliert euch nicht selbst in eurem Leben. Fangt euch lieber wieder. Das Leben muss weitergehen.
Das zerbrochene Herz muss wieder gesunden.
Sucht euch einen Seelenpartner, dann funktioniert alles besser.
Viel Glück!

In Liebe
euer Gott

Höflichkeit

Botschaft von Gott

Ja, ich bin da.

Höflichkeit ist eine Grundvoraussetzung für ein Leben in Harmonie.
Es geht natürlich auch ohne, aber dann kommt keine Harmonie zurück. Sie ist wie eine gute Musik, die eure Seele berauscht.
Ihr seid glücklich!
Eure Höflichkeit ist sehr wichtig und sollte von Kindesbein an erlernt werden. Kinder begreifen schnell und sind auch gerne bereit, es nachzumachen. Sie merken genau, was gefällt und was nicht gefällt. Der kleine Prinz oder die kleine Prinzessin ist um so reizender, wenn die Höflichkeit zu spüren ist.
Sei es ein freundliches Winken, ein niedlicher Knicks oder ein Diener. Alles das gehört dazu zur Höflichkeit.
In der Höflichkeit steckt auch schon eine gewisse Disziplin. Ich möchte schreiben: Sie wissen alle was sie sollen und was sie nicht sollen! Wer das als Erwachsener auch weiß und beherzigt, kann weit kommen.
Ihr werdet dann im goldenen Käfig der Freiheit leben und euer Leben ist einmalig schön.
Dank eurer Höflichkeit und Harmonie.
Alle Achtung!

In Liebe
euer Gott

Ausrede

Botschaft von Gott

Ja, ich bin da.

Wer in Ausreden nicht verlegen ist, glaubt er ist klug.
Aber ist er es wirklich?
Ausreden können nämlich so dumm sein, dümmer geht es nicht.
Und weil sie so dumm sind, bekommt jeder wache Verstand das Gefühl der Lüge. Da stimmt doch etwas nicht, sagt der Kopf. Was soll er nur machen, oder wie soll er darauf reagieren?
Ja, jetzt ist euer Kopf gefragt, er denkt und denkt und plötzlich sagt er: „Halt stopp, das Ganze hast du mir schon mal ganz anders erzählt." Nun muss euer Mund reagieren, er weiß was er zu sagen hat. Es ist doch so einfach einen Dummen zu überzeugen, wenn dieser merkt, er wird in die Enge getrieben. Was bleibt ihm auch weiter übrig?
Also sagt der Mund: „Na, du bist ja ein ganz schöner Spinner, die gleiche Geschichte kenne ich von dir ganz anders. Wie geht denn das?" Ihr Menschen merkt euch nicht immer, was ihr mal gesagt habt. Dafür haben es andere registriert. Damit müsst ihr rechnen.
Also, Ausreden sind Lügen und schaden eurem Ansehen.
Bleibt bei der Wahrheit!

In Liebe
euer Gott

Fanatisch

<u>Botschaft von Gott</u>

Ja, ich bin da.

Fanatisch kann nie gut sein.
Es ist eine übertriebene Leichtsinnigkeit, die viel Unglück über euch bringen kann.
Alles, was euch Kopf und Kragen kosten könnte, ist mit besonderer Vorsicht zu überlegen.
Ein fanatischer Mensch ist so auf sein Vorhaben fixiert, dass er sein Tun nicht einschätzen kann.
Er riskiert immer mehr und kann nicht aufhören, solange, bis er am Boden liegt und alles ist zu spät.
Liebe Menschen auf Erden, ihr seid kostbare Wesen, lasst alles links liegen was Unglück bringen könnte!
Ihr kennt das Ende nicht, nur den Anfang.
Ich kann euch nur raten, lasst alles im Rahmen und alles wird gut!

In Liebe
euer Gott

Idol

<u>Botschaft von Gott</u>

Ja, ich bin da.

Ein Idol haben ist etwas, was euch Menschen Freude bringt und immer leidenschaftlich fesselt.
Ob es ein Sänger, ein Sportler oder ein Politiker ist usw.
Ihr haltet zu eurem Idol und wisst warum.
Traurig wird es, wenn er plötzlich nicht mehr da ist.
Er wird immer in euren Herzen festgehalten sein und Platz haben.
Die Liebe lebt weiter!
Euer Idol geht mit euch gemeinsam bis ans Lebensende.
Ich liebe euch dafür und würde gerne auch euer Idol sein!

In Liebe
euer Gott

Erniedrigen

Botschaft von Gott

Ja, ich bin da.

Ich, euer Gott, mag solche Menschen nicht, die anderen Menschen das Leben schwer machen.
Sie nehmen kein Blatt vor den Mund und meinen sie sind die Klügsten. Sie möchten gerne die Größten sein und können ausgezeichnet ihr Recht mit Rechthabereien argumentieren.
Es ist eine Genugtuung wenn sie auch noch Recht behalten, weil der Mensch gegenüber nicht in der Lage ist, ihm zu beweisen, wie dumm sie in Wirklichkeit sind.
Er hat dadurch den Menschen klein gemacht und fühlt sich riesengroß. Wenn ich, euer Gott, das so betrachte, muss ich immer wieder feststellen, dass ihr Menschen euch viel gefallen lasst. Warum? Kämpft um euch und eure Gerechtigkeit.
Lasst es nicht zu, dass andere euch klein reden.
Wer sagt denn, dass die Welt nur den Großen gehört?
Die Großen haben schon genug Unheil angerichtet.
Seid auf der Hut und zeigt wer ihr seid.
Die Klugheit hat immer recht, nur die Dummheit nicht.
Zeigt eure Klugheit und euren Verstand und eure Barmherzigkeit.
Dann seid ihr nicht erreichbar.
Macht euch groß, aber nicht größer als der Mensch neben euch!

In Liebe
euer Gott

Boten

Botschaft von Gott

Ja, ich bin da.

Ich, euer Gott, möchte euch heute etwas über meine Boten und auch über eure Boten schreiben.
Viele Menschen wissen nicht, dass es sie gibt.
Diese Boten mischen sich unter euch Menschen und setzen Zeichen oder helfen in der Not.
Sie sind sehr oft mit einem schwarzen Mantel bekleidet und einem auffallend großen schwarzen Hut.
Sie müssen so gekleidet sein, weil sie besonders auffallen sollen. Ihr Menschen sollt angeregt werden zum Nachdenken.
Sie können mitten in der Stadt auf euch zukommen.
Oftmals sprechen sie euch an und sagen nur einen Satz, wie: „Pass auf dich auf!" Das sind Seelen, die lernen müssen, gute Taten auf der Erde zu vollbringen.
Es gab in ihrem letzten Leben wenig Verständnis und Hilfe von ihrer Seite. Sie bleiben so lange Boten, bis ihre Seelen rein sind. Sie unterstützen mich zusätzlich.
Es sind genauso Frauen wie Männer.
Sie haben schon vielen Menschen geholfen oder in der Not auf sie aufgepasst.
Solltet ihr so einem Boten begegnen, dann wisst ihr, dass ich nicht weit fort bin. Dieser Bote ist ein Strahl aus meinem Herzen für euch Menschen!

In Liebe
euer Gott

Verbissen

Botschaft von Gott

Ja, ich bin da.

Verbissene Menschen machen sich ihr Leben unnötig schwer. Sie können sich kaum freuen und sehen überall ein Haar in der Suppe. Wie ist das nur möglich, dass sie sich aus ihrem schweren Mantel nicht befreien können? Oftmals tragen sie ihn als Last, ein Leben lang. Jeder Mitmensch von ihnen hat es dadurch nicht leichter. Er wird mit heruntergezogen und kann in seiner Nähe krank werden.
Seid auf der Hut, aber lasst diese verbissene Person nicht fallen. Helft wo ihr könnt. Er muss ans Licht geführt werden, denn die Dunkelheit beherrscht ihn. Seine verbissenen Gesichtszüge sollen aufblühen. Seine Seele soll lernen, sehen und begreifen, dass das Leben schön ist. Ihr schafft es, diesen Menschen mit meiner Hilfe eine neue Sichtweise zu geben.
Alles braucht seine Zeit, aber mit der Hoffnung kommt sie.
Wunder geschehen immer wieder! Glaubt daran.
Lasst keinen armen, kranken oder verbissenen Menschen allein. Ich bin stolz auf euch!

In Liebe
euer Gott

Verführung

Botschaft von Gott

Ja, ich bin da.

Immer wenn ein Mensch etwas bei einem anderen Menschen erreichen möchte, dann braucht er Verführungskünste. Das heißt, er muss sich anstrengen für sein Ziel und überzeugend wirken. So eine Verführung ist nicht einfach, wenn der andere Mensch sich sperrt. Wer vor lauter Liebe nicht weiterkommt und keine Gegenliebe erreicht, hört irgendwann mit seinen großen Anstrengungen auf. Sie machen unglücklich und auf Dauer auch depressiv. Liebe Menschen, nicht die größte Verführungskunst ist hilfreich. Setzt euch nicht unter Druck. Der richtige Partner, der für euch bestimmt ist, muss nicht mehr weit sein. Wenn die Zeit reif ist, dann steht er vor euch. Die Verführung ist dann nicht mehr nötig. Ihr braucht nicht mehr den Clown zu spielen, der keine Zuneigung erfährt. Alles ist zu verstehen, aber die große Liebe braucht keinen Kampf. Oftmals muss sie sich auch entwickeln, aber das ist ganz etwas anderes. Liebe Menschen, für etwas kämpfen sage ich immer, ist etwas was mir gefällt. Aber für etwas kämpfen und dabei zu Grunde gehen, gefällt mir nicht.
Passt auf euch auf!

In Liebe
euer Gott

Charakter

Botschaft von Gott

Ja, ich bin da.

Ich, euer Gott, muss viel erleben mit euch Menschen.
Viel davon ist sehr wertvoll und macht mich glücklich.
Anderes ist so viel Chaos, was mich den Kopf schütteln lässt, und dann ist da noch die Dummheit. Menschen ohne jegliches Bewusstsein. Ich bitte euch darum euren Charakter zu schulen, damit ihr es verdient, am Ende des Lebens einen guten Weg zu finden. Menschen können sich durch ihren Charakter das Leben schwer machen. Wenn sie zum Beispiel Taten bereuen, die nicht mehr zu bereinigen sind.
Immer rechtzeitig richtig handeln, bringt euch das Glück!
Ihr seid mir sehr wertvoll und ich freue mich darüber, wenn ihr einseht, dass ihr nie im Leben aufhören wollt zu wachsen.
Gebt euch Mühe, jeden Tag dazuzulernen.
Ihr seid es euch wert und ihr werdet es nicht bereuen.
Alles was ihr gegeben habt zählt, niemals was ihr genommen habt. Es ist mir eine Ehre, euch im Paradies zu würdigen und ihr wisst, dass ihr eine Stufe höher steigen dürft.
Aber ohne Fleiß keinen Preis.
Wenn ihr meine Engel werden wollt, dann seid Vorbild für alle Menschen!

In Liebe
euer Gott

Schlusswort von Gott

Botschaft von Gott

Ja, ich bin da.

Liebe Menschen, ich, euer Gott, habe euch 365 Botschaften auf die Erde gesandt.
Ich habe sie von Monika Beyersdorf-Morig aufschreiben lassen. Sie hat alles übernommen und war begeistert über meine Aussagen. Manchmal konnte sie es kaum glauben was ich mitteilte, wie zügig und inhaltsreich und lehrreich. Lange hat sie gebraucht, dieses zu verstehen.
Ich bin ihr sehr dankbar dafür.
Nun ist damit aber noch längst nicht alles getan.
Diese Botschaften sollen um die Welt gehen und für Ordnung sorgen. Ihr Menschen müsst lernen und begreifen, dass mit soviel Problemen kein Paradies auf der Erde zu erschaffen ist. Ihr müsst euer Bewusstsein erweitern, damit ich für euch da bin. Ich helfe euch wenn ihr mich ruft und nicht über mich schimpft. Viele Menschen sagen, mich gibt es nicht, denn wenn es mich geben würde, wäre nicht soviel Unheil auf der Erde. Diese Aussage ist falsch. Diese Aussage bedeutet ja, ihr habt überhaupt keine Verantwortung. So hab ich mir das nicht vorgestellt! Eure Eigenschaften sollten positiv sein und klare Verhaltensregeln aufzeigen.
Ihr könnt nicht nur nehmen, es gehört auch das Geben dazu.
Seid barmherzig und vergesst mich keinen Tag.
Befolgt diese Botschaften, lernt daraus und werdet klüger.
Ihr werdet begreifen, dass ihr sehr viel erreicht.
Die Welt wird erblühen und sie wird mit euch gemeinsam jeden Tag schöner werden.

Lasst den Hass nicht aufblühen und der Neid soll euch nicht zerfleischen. Lasst das Töten und vergebt!
Das Leben auf Erden ist eure große Prüfung.
Ihr werdet immer für euer nächstes Leben verantwortlich sein.
Darum lernt, lernt und lernt.
Das Leben ist eine Schule.
Ich bin da – immer!

In Liebe
euer Gott

Schlusswort über „365 Botschaften von Gott" von Monika Beyersdorf-Morig

Liebe Leser,
wer meine Bücher in die Hände bekommt, wird erst einmal mit dem Kopf schütteln (oder auch nicht).
Der Glaube hilft euch zu verstehen.
Er macht alle Fenster im Haus auf und lässt verstaubte Luft raus. Ihr Leser habt ganz klar und hinter keinem Glas den Himmel auf Erden vor euch.
Schaut in den Himmel und seht das Wunder, es ist da, auch wenn ihr es nicht anfassen könnt.
Ihr atmet es jeden Tag ein und solltet Vertrauen haben, dass ihr nur die Wunder erlebt wenn ihr sie sucht.
Es ist eine weite Reise und sie hat nur einen Weg- er führt zu Gott. Ich habe sehr viel darüber nachgedacht und bin nach meiner Reise und nach dem Fertigstellen der Botschaften zu der Schlussfolgerung gekommen, dass es sehr viel zu tun gibt für die Erdenbürger. Warum? Viele Gespräche haben gezeigt, dass -wenn es Gott überhaupt gibt- er Schuld hat an ALLES was euch nicht gefällt. Gott ist allmächtig und hat für Ordnung auf der Welt zu sorgen. Keiner stirbt mehr jung, keiner wird verwundet, keiner muss hungern und keiner hat mehr Schmerzen. Alles ist perfekt! So sind die Erdenbürger in ihrer Denkweise. Gott hat mit mir viel geschrieben und mir erklärt, dass das Leben auf der Erde von uns viel abverlangt. Wie verhalten sich denn viele Menschen, sind sie gehorsam und beten? Reden sie mit Gott und verehren ihn für die wunderschöne Erde die er uns zur Verfügung gestellt hat? Können sie DANKE sagen?

Leider zeigt die Erfahrung, dass viele Menschen das noch lernen müssen. Irgendwo sind sie stehen geblieben und sehr undankbar. Sie haben ihre Freiheit, möchten tun und lassen was sie wollen und befolgen die Gesetze Gottes nicht!
Aber das Paradies auf Erden möchten sie haben.
So geht das nicht!
Gott unterstützt alles, wenn ihr ihn ruft und bittet.
Er heilt Kranke und lässt euch auch los, wenn die Zeit reif ist.
Ich selber habe drei Beispiele erlebt und jedes Mal waren die Ärzte fassungslos. Die drei Beispiele werde ich später einmal aufschreiben. Meine „365 Botschaften mit Gott" sind ein Wunder. Kein Wort ist aus meinem Unterbewusstsein entsprungen. Ich habe meinen Kopf abgeschaltet und nur geschrieben. Nicht ein Satz wurde durchdacht. Jedes mal war ich fasziniert vom Inhalt. Danke lieber Gott für deine so liebevollen und sorgenvollen Worte. Du bist der Meister dieser Bücher. Danke!
Liebe Leser, schaut überall dreimal und mehrmals hin, denn ihr könntet was übersehen in der Hektik des Lebens.
Gott ist da – immer - und er hilft.
Schaut in die Weite der Welt und lernt – nichts ist unmöglich - alles ist möglich!

Monika Beyersdorf-Morig

Nachwort
von Gerd Morig

Nachdem nunmehr alle 365 Botschaften von Gott geschrieben wurden, bin ich sehr beeindruckt von dem was Gott uns alles mitgeteilt hat, an Ratschlägen, Ermahnungen und Bitten.
Auch, dass Gott, poetisch und lustig seine Botschaften mitteilt.
Besonders hat mir in Buch 1, Nr.54, „Der Leichtsinn" gefallen.
Zitat: *„ Kennt ihr den Mann ohne Kopf? Ich sage euch, das ist der leichtsinnige Patron. Er braucht eigentlich keinen Kopf, darum heißt er so. Er macht alles wie im Spaß und schüttelt sich das Unglück aus dem Ärmel. Und was ist nun passiert?*
Vieles kann passieren!
Er staunt selber und denkt er hatte kein Glück!
Dabei hatte er keinen Verstand."
Ich finde das sehr schön ausgedrückt.
In Buch 2, Nr.160 „ Die Bibel" heißt es: *„ Liebe Menschen, die Bibel kennt ihr fast alle auf der Welt. Sie ist mein kostbarer Schatz und für euch sollte sie auch ein Schatz sein!*
Sie zeigt euch Gut und Böse und die Zehn Gebote sind für euch Richtlinien für das Leben."
Gott bringt in seinen Botschaften immer wieder zum Ausdruck, dass wir noch viel lernen und unser Bewusstsein schulen müssen. In „Weltfrieden", Buch 3, Nr.292, sagt Gott:
„ Ich, euer Gott, möchte mit euch die Welt verbessern.
An allen Ecken braucht ihr den Frieden.
Passt auf bevor es zu spät ist!" Wir brauchen uns doch nur umzuschauen und wissen, wie Recht er hat.
„ Ich, euer Gott, glaube an euch und weiß, dass es oft nicht anders geht. Aber bedenkt immer, verteilt das Geld gerecht.
Rüstet nicht noch mehr auf und lasst die Umwelt nicht sterben."
Nachzulesen in Buch 4,Nr. 351, „Lösung"

Fazit:
Gott ist der Meister dieser Botschaften. Gott hat uns viel zu sagen und wir müssen sehr viel lernen! Wer die Botschaften liest, wird die Kraft Gottes spüren und er wird merken, dass es ihm gleich besser geht. Viele Leser berichten das.
Sie lesen immer wieder in den Büchern und merken die Heilkraft, die von ihnen ausgeht. Welch ein Wunder!!
Wir danken Gott dafür!!
Ich wünsche mir, dass diese Botschaften möglichst viele Menschen auf der Erde erreichen

Die Botschaften haben meinen Glauben gestärkt und meine Einstellung zu verschiedenen Problemen verändert.

Gerd Morig
Juli 2016

Inhaltsverzeichnis von A-Z
Botschaften-Nr. 301-365

Abenteuer	320	Magersucht	308
Abhängigkeit	326	Mut	346
Ausrede	358	Niederträchtig	352
Befehl	321	Peinlich	340
Begeisterung	337	Perfekt	349
Betrug	302	Ratschlag	353
Betteln	307	Rätsel	306
Boten	362	Ritual	333
Chance	322	Ruhe	328
Charakter	365	Ruhestand	354
Denkzettel	323	Schreck	314
Drogen	332	Stolz	303
Ehre	334	Tadel	338
Eigensinnig	305	Taten	345
Eingebung	324	Übereinstimmung	355
Ekel	318	Undankbar	309
Elan	344	Unglaublich	339
Empfindlichkeit	336	Unvernunft	325
Entschuldigung	335	Verbissen	363
Erniedrigen	361	Verehren	350
Erziehung	319	Verführung	364
Fanatisch	359	Vergangenheit	330
Gedanken	347	Verletzt	327
Gefahr	317	Vertrauen	341
Gelegenheit	310	Verzeihen	342
Gnade	316	Vorsicht	311
Hexe	313	Warnung	301
Hindernisse	304	Weise	312
Höflichkeit	357	Zauber	315
Idol	360	Zerbrechen	356
Liebe	348	Zukunft	329
Lob	331	Zuverlässig	343
Lösung	351		

Erklärung

Ich setze mich hin, mit dem Kugelschreiber in der Hand und rufe Gott. Dann frage ich ihn, ob er bereit ist, mit mir zu schreiben. Wenn Gott schreibt, „Ja ich bin da", stelle ich Fragen und Gott antwortet mir. Ich schalte meine Gedanken ab und konzentriere mich nur auf das Schreiben mit Gott. Er schreibt sehr schnell, so schnell, kann kein Mensch denken, jedenfalls ich nicht. Er schreibt und schreibt, eine DIN A4 Seite mit mir, ohne dass ich mir ein Wort überlegen müsste. Danach lese ich mir den Text durch und kann alles selber kaum glauben. Ein Wunder ist wieder geschehen. Ich habe viel darüber nachgedacht, wie das alles möglich ist. Gott schreibt mir, ich wurde von ihm ausgesucht.

Monika Beyersdorf-Morig

Monika Beyersdorf-Morig

Biographie

Ich erblickte am 11. Juli 1948 in Feldberg (Mecklenburg-Vorpommern) das Licht der Welt.
1968 schloss ich eine kaufmännische Lehre ab.
1978 arbeitete ich als Erzieherin im Kinderkurheim und nahm an einer Ausbildung in Pädagogik und Psychologie teil. In der Zeit von 1969 – 1977 bekam ich drei Kinder.
Meine Familie war mir immer sehr wichtig. Malerei, Gedichte schreiben und Handarbeiten waren meine Hobbys.
Ab 2008 pflegte ich mit meinem Ehemann
Gerd Morig liebevoll meine Mutter, bis zu ihrem Tode im Juni 2012. Danach nahm ich Kontakt zu meiner verstorbenen Mutter auf, den ich bis in die heutige Zeit pflege. An Gott habe ich mein Leben lang geglaubt und in schweren Stunden um Hilfe gebeten und auch bekommen. Gott schreibt mit mir seit Februar 2015.
Wer nur an das glaubt, was er sehen und anfassen kann, wird nie die Wunder des Universums erleben.
Es gibt noch unendlich viel Verborgenes zu erforschen!

Monika Beyersdorf-Morig

Erscheinungsdatum April 2016
+

Erscheinungsdatum Mai 2016

Alle Ausgaben erscheinen auch als eBook!

Erscheinungsdatum Juni 2016

Erscheinungsdatum Juli 2016